Democracia y neutralización

Origen, desarrollo y solución de la crisis constitucional

Fernando Atria
Constanza Salgado
Javier Wilenmann

Lom
PALABRA DE LA LENGUA
YÁMANA QUE SIGNIFICA
Sol

Atria Lemaitre, Fernando
Democracia y neutralización: Origen, desarrollo y solución de la crisis
constitucional [texto impreso] / Fernando Atria Lemaitre; Constanza
Salgado Muñoz; Javier Wilenmann von Bernath. – 1ª ed.– Santiago:
LOM ediciones, 2017.
210 p.: 21,5 x 14 cm. (Colección Ciencias Sociales y Humanas).
     ISBN : 978-956-00-0918-0
1. Constitucionalidad 2. Derecho Constitucional - Chile
I. Título. II. Serie.
     Dewey : 342.83. –cdd 21
     Cutter : A882c

FUENTE: Agencia Catalográfica Chilena

© **LOM** EDICIONES
Primera edición, abril de 2017
Impreso en 1000 ejemplares

ISBN: 978-956-00-0918-0
RPI: 275.636

Todas las publicaciones del área de
Ciencias Sociales y Humanas de LOM ediciones
han sido sometidas a referato externo.

EDICIÓN, DISEÑO Y DIAGRAMACIÓN
LOM ediciones. Concha y Toro 23, Santiago
TELÉFONO: (56-2) 2860 68 00
lom@lom.cl | www.lom.cl

DISEÑO DE COLECCIÓN Estudio Navaja

Tipografía: *Karmina*

IMPRESO EN LOS TALLERES DE LOM
Miguel de Atero 2888, Quinta Normal

Impreso en Santiago de Chile

Democracia y neutralización

Origen, desarrollo y solución de la crisis constitucional

Fernando Atria
Constanza Salgado
Javier Wilenmann

Política | CIENCIAS SOCIALES Y HUMANAS

Índice

Prólogo
El sentido de la educación cívica en un proceso constitucional

Los «expertos» tienden a dictaminar que la idea de que la ciudadanía participe en un proceso tan técnicamente exigente como el de la redacción, adopción y dictación de una nueva constitución es utópica o falsa. Esto sugiere que la educación cívica en un proceso de cambio constitucional es en realidad una excusa o, peor, un modo de adoctrinamiento político para un objetivo que el actor que ejerce de «educador» ya conoce. Escribir un libro de educación cívica, entonces, sólo podría servir a alguno de esos dos objetivos: o bien sería una pérdida de tiempo en sí, pero serviría para poder decir que «se trabajó» en la educación cívica y constitucional de los ciudadanos antes de que éstos participen mediante su (irrelevante) voz y (eventualmente relevante) voto; o bien sólo serviría para intentar que la ciudadanía se alinee con objetivos político-partidistas perseguidos por quienes realizan el proceso educativo en cuestión.

Pero educación y adoctrinamiento son conceptos que bien pueden ser distinguidos; el objetivo de la educación cívica puede ser ciertamente diferenciado con nitidez del adoctrinamiento. En un contexto político, la educación sirve a la generación de conciencia y comprensión en relación a los procesos en los que el receptor del mensaje tiene que influir. El adoctrinamiento constituye, en cambio, su opuesto: se trata de un modo de limitar las opciones políticas del receptor del mensaje, un modo de estrechar artificialmente la comprensión del fenómeno sobre el que se educa, con el objeto de generar artificialmente en él la voluntad de participar de un modo predeterminado. La pretensión del adoctrinamiento no es permitir comprender, sino conseguir adhesión. La pretensión de la educación es permitir comprender y, a partir de ello, que el sujeto pueda tomar decisiones responsables. Diferenciar los conceptos, por cierto, no nos obliga a negar que ellos pueden en los hechos ser confundidos, de buena o de mala fe: es por cierto posible que alguien se presente a sí mismo retóricamente como un educador y, en realidad, pretenda generar convicción en otro tendiente a satisfacer sus propios intereses, generando adhesión ciega. De la posibilidad de una confusión manipulativa de los conceptos no se sigue, sin embargo, que todo acto de entrega de herramientas de comprensión y educación en un contexto político sea un acto de adoctrinamiento.

Este es un libro que no pretende adoctrinar sino educar; es decir, ofrecer al lector herramientas de comprensión del problema constitucional para que pueda luego, de modo más reflexivo, asumir una posición. El tema es propiamente constitucional: la estructura del poder y su ejercicio. Por eso, es un asunto que nos compete a todos, sin exclusiones, por la sencilla razón de que hoy el poder político y su ejercicio ya no descansa en la divinidad, ni en la naturaleza, ni en la tradición, sino que descansa, en último término, en nosotros, el pueblo. Esto quiere decir que hoy el ejercicio del poder político es legítimo sólo si es que se estructura de acuerdo al principio democrático. Es importante detenerse aquí para notar lo que significa la última afirmación, con la finalidad de evitar que sea tomada como un lugar común: hoy el poder político y su legitimación sólo pueden fundarse en el principio democrático. La constitución necesita proveer el entramado institucional que realice esta idea, que nos permita decir que ella no es sólo una declaración más o menos ingenua. La discusión constitucional debe comenzar distinguiendo estructuras que hacen probable que el ejercicio del poder sea nuestro, y estructuras que lo hacen improbable, es decir, que hacen probable que quienes lo ejercen sean crecientemente vistos como una «casta» o una «clase», la «clase política».

Esto es lo que da sentido a este libro, que pretende entregar una explicación de la dimensión política de la discusión constitucional. Se trata, en ese sentido, de educación acerca del aspecto más básico de la discusión constitucional, a saber: la comprensión de qué es una crisis constitucional como la que estamos viviendo y qué se juega en una decisión constitucional como la que esperamos que Chile tome en los próximos años. El lector no debiera esperar encontrar aquí nada más ni nada menos que esto.

Que esta pretensión sea básica no quiere decir, por cierto, que su realización sea sencilla. Ella es difícil, no porque el tema constitucional sea especialmente intrincado, sino porque en nuestro contexto actual el lenguaje político que es necesario para realizar esta pretensión es crecientemente ajeno. Es decir, no se trata de que el «experto» tenga razón y «la gente» no pueda esperar entender el problema, sino que la crisis política en la que vivimos se manifiesta también en el lenguaje, en la creciente incapacidad de entender el lenguaje que el principio democrático necesita. Esto afecta, ante todo, al aspecto constructivo de las herramientas de comprensión que pretendemos entregar: puede ser difícil para el lector pensar en estructurar instituciones democráticas después de haber vivido más de treinta años bajo instituciones que, pese a ser neutralizadas, usan el lenguaje de la democracia. Ello porque una forma de legitimar la neutralización es sostener que ella es intrínseca a la democracia, que el lenguaje democrático implica necesariamente neutralización («todas las constituciones buscan neutralizar» se dice a veces). Pero si esto es así, entonces el principio democrático, de acuerdo al cual el poder del Estado se funda en la voluntad del pueblo, es necesariamente un engaño. El lector podrá entonces preguntarse: ¿no será que ese lenguaje existe para ocultar lo que en realidad ocurre? Este libro sólo tiene sentido si podemos responder negativamente a esta pregunta. Eso no significa, sin embargo, que la pregunta carezca de pertinencia. Por el contrario, en las condiciones actuales, no sólo la formulación de la pregunta es pertinente, sino que también la justificación de toda respuesta negativa que se dé a ella. Lo anterior quiere decir que, en el esfuerzo educativo de este libro, no podemos descansar ni en las reglas que estructuran el poder ni en la práctica política que ha generado su ejercicio. Lo primero, porque la constitución bajo la cual vivimos, pese a sus múltiples reformas, aún contiene la decisión fundamental de la dictadura: la de neutralizar el ejercicio del poder político democrático, con el objeto de proteger el modelo neoliberal por ella impuesto. Lo segundo, porque esa misma práctica política se ha constituido a partir de esa decisión fundamental.

Sin embargo, la crisis actual permite ver, con una claridad que la normalidad no entrega, los aspectos deficitarios de nuestras instituciones. Este libro insiste en presentar el modo en que nuestras instituciones se vinculan a las crisis políticas que hemos conocido en los últimos años, porque precisamente en ellas se muestran sus falencias, y con ello, el germen de su superación.

El tema de este libro, entonces, es la configuración institucional del principio democrático, partiendo desde la crisis constitucional que hoy vivimos, que es consecuencia de la cultura neutralizada que floreció bajo la Constitución de 1980. Este tema se desglosa entonces en tres subtemas, cada uno de los cuales corresponde a una de las partes del libro. En la primera parte, el tema será la Constitución de 1980 y la neutralización que la define. En la segunda, discutiremos cómo esa neutralización pasó de las reglas constitucionales donde originalmente se alojó, a la cultura política que floreció bajo ella. Al pasar a la cultura, ésta debió reinterpretar todo el lenguaje de la tradición democrática para que ese lenguaje fuera compatible con una cultura política neutralizada. El tema central de la segunda parte, en lo que al lenguaje democrático se refiere, será el de la representación política: veremos cómo la cultura neutralizada entiende la representación democrática de un modo fundamentalmente deformado. La tercera parte intenta recuperar el lenguaje democrático de esa deformación y sugiere modos de comprender y configurar las instituciones que responden a ese sentido nuevo, propiamente democrático.

Porque de eso se trata la nueva constitución: de constituir instituciones que den forma genuina al poder democrático.

Primera parte
La Constitución tramposa

Capítulo 1
El problema constitucional visto desde el ciudadano

El punto de vista del ciudadano

«El problema constitucional –nos dicen– es una preocupación de las élites»; «es un tema que no tiene impacto en la vida cotidiana de las personas»; «el gobierno debería olvidarse de la nueva constitución y atender las preocupaciones reales de la gente, como la delincuencia, la salud, la educación».

Esto se basa en resultados de encuestas de opinión pública, como la encuesta CEP, que en noviembre de 2015, ante la pregunta «¿Cuáles son los tres problemas a los que debería dedicar el mayor esfuerzo el Gobierno?», reporta que delincuencia, salud y educación recibieron 58, 44 y 33% respectivamente, mientras que «reforma constitucional» recibió sólo un 4%[1].

Hay aquí, por cierto, un componente evidente de oportunismo. Porque cuando se trataba de otra encuesta, conforme a la que el 77% se mostraba de acuerdo con que «Chile necesita una nueva constitución», el argumento fue que la mayoría de las personas que había respondido esa encuesta no había leído la constitución[2]. Como (predeciblemente) sostuvo *El Mercurio*, esto mostraría que la demanda de nueva constitución tenía «componentes importantes de consigna política», y develaría que el «supuesto clamor ciudadano» por una nueva constitución no era tal. El oportunismo de este argumento, por cierto, se hace evidente cuando uno recuerda que los mismos críticos nunca preguntaron si «la gente» había leído la reforma tributaria cuando se

1   Encuesta Centro de Estudios Públicos, Noviembre 2015 <http://bit.ly/28Oia3A>.
2   Encuesta Plaza Pública Cadem, Estudio N°92, 19 de octubre de 2015, disponible en <plazapublica.cl>.

trataba de interpretar encuestas que reportaban que el rechazo a esa reforma aumentaba.

Esta es la manera en que las encuestas son utilizadas en el debate público: con completo oportunismo. Pero esto no responde la pregunta que es interesante discutir: ¿tiene sentido decir que el tema constituyente es «ajeno» a «la ciudadanía» porque la encuesta CEP dice que sólo el 4% cree que «la reforma constitucional» ha de ser prioritaria?

Formulada así la pregunta, la cuestión importante radica en el supuesto de la pregunta: si para el ciudadano la constitución es un problema, el hecho de que el problema esté en la constitución debiera ser inmediatamente transparente para el ciudadano. Es decir, si la constitución es un problema para el ciudadano, éste lo describirá en los mismos términos que usa el abogado o el jurista, y por eso, cuando preguntado en esos términos el ciudadano no reconoce el problema, la conclusión es que el problema para él no existe o no tiene prioridad. Esto, por cierto, no resiste análisis serio alguno.

La cuestión no es, entonces, si para «la gente» el problema constitucional es o no prioritario. Como no podemos simplemente asumir que el lenguaje que usaría el ciudadano es el lenguaje del jurista, no podemos asumir que si el problema constitucional es prioritario para «la gente», entonces «la gente» dirá «sí» cuando le pregunten si el problema constitucional es prioritario. Por eso, antes de saber qué preguntar o cómo interpretar los «datos duros», necesitamos saber cómo se relaciona el problema constitucional con la experiencia vital del ciudadano; cómo aparece, por así decirlo, la constitución en la vida. Necesitamos saber cuáles de sus prioridades o reclamos son reconducibles al problema constitucional, incluso cuando no use el lenguaje jurídico para expresarlo.

La forma lógica de la respuesta ciertamente debe seguir un orden en el que se establezca, en primer lugar, una hipótesis sobre cuál es el problema constitucional; luego, una explicación de cuáles son las consecuencias del problema dada esa hipótesis; y sólo al final una explicación de cómo esas consecuencias serán parte de la experiencia habitual del ciudadano. Nuestra pretensión en este libro es ciertamente centrarnos en la discusión de las dos primeras cuestiones en la primera y segunda parte, respectivamente. Pero precisamente para evitar que el argumento oportunista se utilice para generar la impresión de que se trata de «discusiones de la élite que no le importan a la gente», nos interesa antes dar cuenta, de modo general, de la forma en que el problema constitucional puede afectar la experiencia vital del ciudadano (más tarde volveremos sobre qué quiere decir que el 77% quiera una nueva constitución a pesar de no haber leído el texto, y veremos que ahí hay algo interesante que decir).

La impotencia y falta de responsabilidad frente al abuso como el problema constitucional del ciudadano

Buena parte de este libro pretende explicar el problema constitucional chileno. En lo que ahora importa, sin embargo, necesitamos una comprensión inicial suficientemente sencilla para ser inicial, pero que ilumine más que una caricatura y permita entender el punto respecto al vínculo entre la experiencia vital del ciudadano y el problema constitucional. Una vez introducida esta comprensión inicial, iremos haciéndola progresivamente más compleja.

Como veremos más adelante, lo que hace una constitución es constituir el poder político. Para saber cuál es el contenido de la Constitución de 1980 debemos preguntarnos, entonces, cómo ella constituye el poder. La respuesta es que la Constitución de 1980 constituye un poder político neutralizado, es decir, un poder político que está incapacitado para actuar en buena parte de los ámbitos en que podría esperarse que actuase. Parte importante de lo que habrá que discutir con cuidado más adelante es precisamente en qué consiste y a qué ámbitos se extiende esta neutralización. Pero ahora es importante entender que la neutralización tiene dos momentos: el primero es el de la neutralización *buscada*, el segundo es el de la neutralización *lograda*.

Con el primero de los momentos –la neutralización conscientemente buscada– se trataba de impedir que el modelo político y económico de la dictadura, una vez finalizada esta, pudiera ser transformado mediante el despliegue del poder político democrático. Para esto, la constitución creó una institucionalidad tramposa. Al usar la palabra «trampa» para describir el sentido de la Constitución de 1980 no estamos abusando del término. El mismo Jaime Guzmán explicó que el sentido de la constitución era:

contribuir a crear una realidad que reclame de todo el que gobierne una sujeción a las exigencias propias de ésta. Es decir, que si llegan a gobernar los adversarios, se vean constreñidos a seguir una acción no tan distinta a la que uno mismo anhelaría, porque –valga la metáfora– el margen de alternativas que la cancha imponga de hecho a quienes juegan en ella, sea lo suficientemente reducido para hacer extremadamente difícil lo contrario[...] Este predicamento es, a nuestro juicio, lo que más diferencia el enfoque político que denota el nuevo Régimen, respecto del que fuera tradicional en nuestro país. Conforme a la nueva mentalidad la importancia de quién gobierne en el futuro no desaparece, pero se atenúa considerablemente, porque las posibilidades de triunfo se circunscribirían a tendencias moderadas y relativamente similares entre sí[3].

No cabe duda de que un juego cuyas reglas (su «cancha») están hechas de modo que en todo caso sólo un equipo puede ganar es el paradigma de un juego tramposo. Por tanto, y usando la metáfora del propio Guzmán, no hay abuso en llamar «tramposa» a una constitución que aparenta ser democrática pero que está diseñada con la finalidad precisa de neutralizar la política democrática[4].

Ahora bien, el sentido de la neutralización buscada era proteger el modelo neoliberal implementado durante la dictadura. Pero no hay regla constitucional alguna que explícita y directamente prohíba transformar el modelo neoliberal. Ello porque, naturalmente, la trampa no puede ser explícita: ella necesita ser ocultada si se quiere disminuir el riesgo de resistencia a la trampa. Por esta razón la neutralización no puede ser circunscrita sólo a lo que protege el modelo, sino que necesita ser indiscriminada: no es posible neutralizar el poder solo y precisamente para evitar que transforme el modelo neoliberal (la neutralización buscada), es necesario neutralizar el poder político en una medida indeterminada que cubra también pero no sólo los aspectos esenciales del modelo económico (la neutralización lograda).

---

3   Guzmán, J. «El camino político», en *Realidad,* No. 7 (1979).

4   Por supuesto, no es que las cuestiones queden decididas por una frase de Jaime Guzmán. Más adelante explicaremos con cierto detalle el modo en que la constitución configura el poder de modo que efectivamente la «cancha» constitucional resulta ser tramposa. Pero por ahora la finalidad declarada por el jurista de Pinochet puede servir para establecer el punto. Y nótese, de pasada, que al menos durante la década de los ochenta los constitucionalistas de lo que después sería la Concertación lo entendieron y denunciaron.

La pregunta, entonces, es cómo aparece ante el ciudadano la decisión contenida en la Constitución de 1980, es decir, cómo aparece ante el ciudadano la neutralización. Esto es lo que nos interesa revisar en este primer capítulo.

La consecuencia del problema: el abuso

Para describir un edificio no es necesario describir la estructura interna que lo sostiene. Del mismo modo, para describir cómo aparece la constitución ante el ciudadano no necesitamos mostrar el entramado de trampas políticas que caracterizan a la Constitución de 1980, sino sus consecuencias. Porque son esas consecuencias las que aparecen ante el ciudadano. Y el ciudadano puede percibir esas consecuencias y criticarlas, sin usar el lenguaje constitucional e incluso a veces sin saber que lo que está criticando es la constitución.

Por las razones que explicaremos más adelante, la neutralización política es vivida como abuso e incapacidad de reacción ante el abuso. El abuso es la forma en que concretamente aparece el problema constitucional ante el ciudadano. Es decir, la característica normal de la vida de cada ciudadano bajo una constitución que neutraliza el poder político es que cada uno queda sin protección, abandonado a su propia suerte. Y entonces, todo el que pueda de hecho (o tenga poder suficiente para) aprovecharse de él, podrá hacerlo. Cuando el poder político está neutralizado, el ciudadano experimenta esa neutralización como abuso y como hipocresía del sistema político. Por eso, si uno mira con cuidado, notará lo sencillo que es encontrar manifestaciones de abuso en nuestra realidad.

No es, por ejemplo, difícil describir en qué grado el sistema educativo permite el abuso. En él es posible encontrar, por un lado, miles de estudiantes universitarios endeudados. Aquí no sólo aparece difícilmente justificable que estudiantes de escasos recursos deban endeudarse, sino que en muchos casos es razonable creer que la prestación obtenida a cambio de ese endeudamiento no va a tener ningún beneficio. Por el otro lado se encuentran, en cambio, grupos económicos haciendo de la educación universitaria un negocio, pese a que la ley expresamente lo prohíbe. No fue necesario que los estudiantes supieran derecho constitucional para que percibieran que había grupos económicos que estaban aprovechándose de ellos, que se estaban enriqueciendo a costa de sus deudas, porque pese a que la ley decía que no podían lucrar, a nadie le importaba que dicha regla se cumpliera: mal que mal, deben haber pensado, si el sistema entero está configurado bajo la lógica del mercado pareciera que esa regla no obliga realmente. Por supuesto, su problema podía plantearse con el lenguaje del derecho constitucional: ellos se dieron cuenta de que una lógica de organización educativa basada en la libre actividad económica (o, mejor, en la libertad de hacer negocios en todo ámbito) había demostrado ser perjudicial para los miles de estudiantes de universidades «emprendedoras», y muy beneficiosa para los emprendedores de esas universidades.

Otro caso de abuso no abordado realmente por el sistema político puede encontrarse en las Isapres, un sistema de seguros privados de salud que no sólo ha generado enormes diferencias de precio y cobertura entre grupos etáreos y entre sexos, sino en el que los prestadores del servicio en cuestión modifican unilateralmente los precios que cobran por contratos de salud vigentes, pese a que las cortes de apelaciones y la Corte Suprema han resuelto sistemáticamente que ello es inconstitucional. Como aquí se mezclan varios de los problemas de los que nos interesa ocuparnos en más detalle, trataremos este caso de modo más preciso en la segunda parte. Por ahora basta con señalar que parte importante del funcionamiento del sistema de Isapres es percibido como abusivo no sólo por la ciudadanía, sino también por los tribunales con competencias constitucionales, frente a lo cual el poder político no ha hecho nada decisivo para hacerse cargo de ello en los últimos diez años.

O mírense las AFP, creadas también en la dictadura y pensadas como el «gran descubrimiento» en materia de pensiones, que entregan jubilaciones muy bajas: hoy en día nadie cree que ellas entregarán a la mayoría de los ciudadanos una pensión suficiente como para mantener un nivel de vida adecuado. Y si bien no cumplen las expectativas que crearon, las AFP (o mejor dicho, sus dueños) siguen cobrando mensualmente, y de forma legalmente obligatoria, altas comisiones por sus «servicios», con total independencia de los resultados de la administración que realizan de los fondos administrados. Así, las AFP acumulan millonarias utilidades gracias a un negocio muy rentable a costa de las cotizaciones obligatorias de todos los ciudadanos. El que los ciudadanos se encuentren obligados a entregar parte de sus ingresos para generar esas utilidades tiene un vínculo directo con el sistema constitucional en el que vivimos: al igual que en el caso de las Isapres, ellas son parte del modelo que debía ser protegido y por el cual se estructuró una constitución que neutralizara la acción política con el objeto de dificultar su modificación legal. Con ello, aunque el sistema sea percibido como abusivo por la ciudadanía, el sistema político no ha tenido la voluntad de reaccionar frente a los aspectos que son percibidos como abusivos.

En cada uno de estos tres casos el sistema (un sistema que no sólo fue, de hecho, creado en dictadura, sino que sólo pudo ser creado en dictadura) ha permitido que un pequeño número de personas (grupos económicos) se enriquezca por la vía de hacer de los aspectos más sensibles del bienestar de los ciudadanos un negocio. De hecho los tres casos ya mencionados corresponden a lo que en otros países es reconocido como el núcleo obvio de los derechos sociales: educación, salud y seguridad social.

Pero el abuso es ubicuo. Es tan ubicuo que resulta implausible pensar que todo lo que hay que decir es que cada uno de los casos de abuso se explica por la acción ilícita y reprochable de alguien que «actúa mal».

Por ejemplo, mírese lo que ha sucedido con la industria farmacéutica, cuya falta de regulación le permite vender remedios a precios que alcanzan hasta 3.000% de diferencia con el sector público. O lo que ocurre con las grandes tiendas, que también a falta de regulación, no sólo ofrecen créditos con altísimas tasas de interés, sino que repactan unilateralmente las deudas de sus clientes. O recuérdese cómo los bancos obtenían «tácitamente» el consentimiento de los clientes para modificar sus contratos. Con un SERNAC que no tiene competencia para fiscalizar las cláusulas abusivas que imponen los grandes vendedores a los consumidores (sólo para mediar y, en su caso, denunciar a tribunales), ni menos para sancionarlos, han sido los tribunales, no especialmente ágiles, quienes han intervenido en ocasiones. Pero, como lo muestra el caso ya aludido de las Isapres, cuando la única protección que hay para el ciudadano es la de un tribunal de justicia, dicha protección será lenta y alcanzará sólo a quienes concurran ante los tribunales; las empresas, por su parte, podrán seguir manteniendo políticas abusivas que permitan aumentar sus utilidades mientras puedan contar con que muchos de sus clientes no las llevarán a juicio.

Hace algún tiempo, en el contexto de la discusión sobre medidas de protección a la pequeña y mediana empresa, el dueño de una enorme cadena de supermercados dijo en público que «era un sueño» pretender que esta pagara a sus proveedores en menos de ciento veinte días. Por supuesto, para los pequeños distribuidores, es decir, para quienes distribuir sus productos a través del supermercado es la diferencia entre salir del mercado o tener éxito, no existe otra opción que aceptar los términos de las grandes cadenas de supermercados. El supermercado, de este modo, abusa de su posición y obtiene condiciones más favorables, porque en los hechos recibe un crédito gratis de los pequeños proveedores. ¿Cómo es que, dado el acuerdo transversal que hay en la necesidad de proteger a la micro y pequeña empresa, no se ha dictado una ley que declare abusiva esta práctica?

Nada de lo anterior es novedoso hoy en día. El problema puede describirse genéricamente diciendo: cada vez que el ciudadano se encuentra con alguien que de hecho tiene poder, el ciudadano tiende a estar solo o mal acompañado. Y el sentido común indica que cuando el poderoso se enfrenta al débil, la relación entre ambos se ordenará en beneficio del poderoso, y el débil experimentará esta situación como abuso.

A esto, por supuesto, la pregunta será: ¿y qué tiene que ver el problema constitucional con el abuso? La respuesta debiera ser a estas alturas fácil de comprender: como no puede esperarse que el ciudadano individual pueda evitar el abuso, sólo el poder político puede limitarlo. Pero cuando el sistema político se encuentra configurado de modo tal que su poder es neutralizado, entonces no sólo desaparece esa posibilidad de resistencia, sino que el abuso pasa a ser atribuido, en cuanto a sus orígenes, al sistema político.

Para entender esto, es tal vez importante detenerse en qué es, precisamente, el abuso, de modo tal que no se nos acuse de suponer ingenuamente (o, peor: estalinísticamente) que el poder político puede intervenir en todo intercambio social. No hay abuso en que un supermercado cobre el precio de las cosas que vende, no es abuso que los consumidores deban pagar un precio razonable por un kilo de pollo. Cuando las partes se encuentran en condiciones de igualdad, el hecho de que tengan que llegar a acuerdo en un contrato es suficiente garantía contra el abuso, porque ¿qué podría llevar a una persona a aceptar pagar un sobreprecio por el pollo? El abuso aparece cuando (1) una de las partes es inconmensurablemente más poderosa que la otra (por ejemplo, las AFP o Isapres frente a sus afiliados; la Asociación de Productores Avícolas frente a los consumidores; el Jumbo frente al pequeño productor de quesos), (2) no hay mecanismos en el conjunto de intercambios sociales de los que participa que limiten la capacidad de ejercicio de su poder, y en virtud de ello (3) puede imponer sin demasiado control sus condiciones. Personas ideológicamente comprometidas es probable que digan que el sistema económico no mediado políticamente («el mercado») sí supone mecanismos de resistencia frente al abuso, tal como lo es, paradigmáticamente, la competencia. Pero los hechos demuestran que estos mecanismos no funcionan en toda situación y que precisamente por ello se necesita de poder político; nuestro mundo no tiende a arreglos naturales justos. ¿Cómo es que el Jumbo puede pagar a 120 días? Puede hacerlo porque tiene poder suficiente para hacerlo y no hay mecanismo alguno que lo impida. Ciertamente, el poder que tiene el Jumbo es puramente fáctico: el Jumbo tiene poder porque los proveedores necesitan de acceso al mercado provisto por él, y ya que tiene este poder, lo usa en su beneficio. Eso quiere decir que usa su poder para extraer, en su beneficio, recursos del que no tiene poder, que entonces será víctima del abuso. En este sentido, entonces, abusar es lo que el que tiene poder tenderá a hacer siempre que se encuentre con el que no tiene poder.

Nada de esto es, por supuesto, específicamente chileno. El desarrollo de los mercados masificados, en que enormes empresas se relacionan masivamente con consumidores individuales, fue algo conocido en todos los países del mundo capitalista. La tendencia de las grandes empresas al abuso existió en todos ellos y, con algunas diferencias, la respuesta siempre fue la misma: normas sobre libre competencia (para evitar el abuso consistente en eliminar la competencia) y protección de los derechos de los consumidores. Nótese lo que esto significa: para proteger a los individuos en sus relaciones con empresas que tienen muchísimo más poder, era necesario usar el poder político, de modo de someter a esos poderes fácticos a condiciones de operación que fuesen adecuadas para ambas partes.

Lo anterior, sin embargo, supone que el poder político existe y se puede desplegar para evitar que quienes tienen poder fáctico paguen a 120 días, formen mecanismos de imposición de precios discriminatorios, etc. Por eso, cuando el poder político está neutralizado, no hay límites razonables al abuso de los poderosos. La agenda del ministro de Economía era pedir a los grandes supermercados que pagaran a treinta días. Nótese: «pedirles», apelando a su buena voluntad; no «exigirles» mediante una disposición legal dictada en ejercicio de poder político. Ya hemos visto qué es lo que los poderosos respondieron. La moraleja es clara: como el problema en Chile es la neutralización, la tendencia a la imposición del poder fáctico que genera su tenencia no puede ser resistida, y lo que el ciudadano experimenta cada vez que debe relacionarse con ellos es que es abusado.

Por eso, cuando la pregunta es qué relación tiene el abuso con el problema constitucional, la respuesta es: parece que muy poca, porque el problema constitucional es acerca de las reglas sobre la formación de la ley, los quórums y el sistema electoral, etc., y nada de eso parece relacionarse con el abuso. Pero el sentido de una constitución es configurar al poder político de modo que pueda actuar eficazmente, y el abuso es lo que ocurre cuando, en vez de poder actuar eficazmente, está neutralizado. En este sentido, el abuso no sólo está relacionado con el problema constitucional, sino que *es* el problema constitucional mirado desde el punto de vista del ciudadano.

Una objeción inicial

Aunque esto será tratado más adelante con cierto detalle, es importante responder a una objeción que es habitual cada vez que uno intenta conectar el problema constitucional con alguna dimensión de la vida. La objeción es que la constitución no tiene nada que ver con eso. La constitución no tiene nada que ver con el abuso de las Isapres, por ejemplo, porque la ley de Isapres es una ley ordinaria que puede ser aprobada con mayoría simple, por lo que si no se ha dictado una ley sobre alzas de planes no es por la neutralización constitucional. Al reconducir genéricamente el problema del abuso al problema constitucional, estaríamos excediéndonos.

Es importante distinguir esta objeción de lo que acabamos de responder en la sección anterior. Lo que acabamos de ver es que la neutralización del poder político y el abuso sufrido por el ciudadano son el mismo problema.

Ahora la objeción es distinta: ¿cómo la decisión constitucional de neutralizar el poder político se relaciona, por ejemplo, con el problema de la ley de Isapres? Como dijimos, esta ley no está sujeta a ningún quórum especial, y para dictarla o reformarla basta mayoría simple. Eso mostraría que si el legislador no ha enfrentado el problema de las alzas en los planes no es por una supuesta neutralización constitucional, no es porque haya «cerrojos» constitucionales que le dan veto a la derecha.

Parte de la respuesta a esta objeción es más fácil ahora, después de la decisión sobre la titularidad sindical del tribunal constitucional (STC rol 3016-2016), porque esa decisión muestra que no es necesario que haya un cerrojo obvio (el de los quórums) para que haya neutralización.

Pero, aunque esto es verdadero e importante, la objeción puede ser respondida sin hacer alusión al Tribunal Constitucional. Y esto nos lleva a un punto crítico, que será cuidadosamente discutido más adelante. Porque a diferencia de lo que podría, quizás, haberse dicho en 1990, hoy tenemos que observar que la neutralización de la política en la que consiste el problema constitucional tiene dos dimensiones. La primera es clara y explícita: es la constitución a través de sus reglas tramposas la que ha operado directamente para asegurar la neutralización. Esa neutralización no tiene lugar exclusivamente a través de reglas que forman parte del texto constitucional (basta considerar todas las leyes orgánicas constitucionales), pero es una neutralización que se aloja en *reglas jurídicas en principio identificables*. Hoy, sin embargo, la dimensión más importante de la neutralización es la segunda: después de 26 años de vivir bajo reglas neutralizadas, la neutralización ha pasado de las reglas jurídicas a la *cultura* de la llamada «clase política». Es importante distinguir estas dos formas o dimensiones de la neutralización. La primera, clara y explícita, es más fácil de mostrar, pero más limitada en sus consecuencias; la segunda es por cierto menos obvia, y muchos dirán que no está relacionada con el problema constitucional, pero explica mucho más.

Algunos ejemplos de la forma clara y explícita en que las trampas constitucionales han operado neutralizando la acción política serán abordados en el Capítulo 3, cuando veamos lo que sucedió con la ley general de educación (LGE)y el fondo solidario del AUGE, entre otros casos. La primera perdió todo su contenido transformador como precio para lograr el quórum de aprobación de 4/7 que la constitución exige; el segundo debió ser abandonado durante su tramitación ante la amenaza de la derecha de impugnarlo y llevarlo ante el Tribunal Constitucional, cuestión que ponía en riesgo el plan AUGE completo. En ambos casos se trataba de modificar significativamente las características neoliberales de instituciones vinculadas a esferas tradicionalmente conectadas con los derechos sociales. Sin embargo, la transformación fue imposible porque de manera directa y explícita operaron las reglas constitucionales cuyo objeto es neutralizar.

Pero el argumento anterior no alcanza a otros casos de abusos que ya hemos mencionado. Para todas las materias tributarias y laborales, así como para regular el alza de planes de las Isapres, etc., alegar que la constitución está en el origen del problema del abuso parece ser exagerado, porque ahí no hay reglas constitucionales que *directamente* neutralicen la posibilidad de efectuar reformas legales. Sin embargo, como veremos en la Segunda Parte de este libro, la neutralización del poder político ya no se reduce a ciertas reglas constitucionales tramposas: ella ha alcanzado al modo en que funciona en sí mismo el sistema político y, con ello, ha pasado a tener una extensión que excede a la neutralización buscada por las reglas tramposas. Ya que esto es un tema central de la Segunda Parte, el argumento sólo necesita ser expuesto aquí brevemente.

Por ahora basta con notar que los arreglos constitucionales no son sólo un conjunto de reglas discretas, cada una de las cuales es aplicable a un conjunto específico de circunstancias sin que tengan ninguna otra relevancia. Es precisamente lo contrario. La constitución y sus reglas contienen una idea sobre la política y lo político, sobre lo que es patológico, lo que es normal y lo que es virtuoso en política, sobre cómo en principio opera el sistema político y, por ello, cómo deben hacerse las cosas. Las reglas neutralizadoras han fomentado una cultura política que mira la discordancia democrática de opiniones como patológica, por lo que entiende que es impropio tomar decisiones sin que antes se haya alcanzado un «gran acuerdo». Con esto, esa cultura política niega una de las dimensiones fundamentales de la democracia, la idea de que a la deliberación pública le sigue la decisión por mayoría. Y en la medida en que la política entiende que una decisión que es tomada sin un gran acuerdo es una decisión deficitaria (o que ella necesariamente constituye un abuso de poder), entonces será cada vez más común que no haya sino decisiones tomadas mediante «grandes acuerdos», las que no afectarán intereses con poder suficiente para tener, en los hechos, representación política privilegiada. Las decisiones que son capaces de suscitar grandes acuerdos son decisiones neutralizadas, es decir, decisiones que si bien podrán corregir uno u otro aspecto puntual en el funcionamiento de una institución, no serán capaces de introducir transformaciones significativas cuando hay controversia política o poderes fácticos suficientemente fuertes.

Es indudable que durante las últimas décadas hemos vivido bajo una hegemonía neoliberal que ha empujado con fuerza y consistencia hacia la desregulación y la privatización. Pero esta tendencia ha sido fomentada y reforzada por la constitución neutralizadora, y por eso no hay reglas que protejan al pequeño empresario que vende sus quesos a una gran cadena de supermercados o que den al Sernac facultades algo más que de pura mediación. En otras palabras, es ciertamente correcto sostener que una constitución no constituye la «receta mágica» que permite solucionar todos los problemas de una sociedad –aunque nadie sostiene seriamente esto, es tal vez importante explicitarlo, porque es una más de las caricaturas con las que se ataca la idea de nueva constitución: «dicen que la Nueva Constitución es una «bala de plata» que soluciona todos los problemas»–, y también es correcto sostener que no todos los problemas públicos que enfrentamos son reducibles al problema constitucional. Pero dado lo que es una constitución, resulta poco probable que haya problemas de legitimación política importantes respecto de los cuales la constitución sea irrelevante. La crisis constitucional permea, por ello, la práctica política completa de una sociedad. Su solución no es, en ningún caso, condición suficiente para la «solución de todos los problemas de la gente», pero es condición necesaria para la reestructuración de la vida política chilena, hacia una forma en que la política realmente tenga capacidad de acción para enfrentar el poder fáctico.

Capítulo 2
La idea de constitución y el problema constitucional

El desafío de la derecha

En el capítulo anterior hemos enunciado la razón por la que el problema constitucional es urgente desde el punto de vista del ciudadano, incluso cuando éste no usa el lenguaje constitucional para describirlo. El argumento fue que una constitución da forma al poder, y que la Constitución de 1980 configura un poder neutralizado. Un poder neutralizado es un poder que no puede ser desplegado para proteger al ciudadano frente al abuso del poderoso. Sin contar a su lado con la ley (en la forma de agencias administrativas como el Sernac o la Superintendencia de AFP o de Isapres, dotadas de facultades relevantes y dispuestas a usarlas), el ciudadano se enfrenta solo ante quien tiene poder fáctico. Y en esas circunstancias, lo natural será que el que tiene poder pueda abusar.

Quienes defienden la Constitución de 1980 (quienes en su momento defendieron la prohibición constitucional de los partidos marxistas, luego la existencia de los senadores designados y luego la del sistema binominal) no negarán el problema del abuso. En vez de hacer eso, sostendrán que el problema constitucional y el problema del abuso son enteramente independientes uno del otro. Reclamarán que se indique qué parte precisa de la constitución es la que promueve el abuso.

Cualquier respuesta que uno dé a esta pregunta parece darlos por vencedores; porque si uno responde diciendo que no hay ninguna disposición específica que promueva el abuso, dirán que no hay relación entre constitución y abuso; y si uno responde enumerando algunas disposiciones constitucionales, dirán que la reforma de esas disposiciones es algo que puede ser discutido, pero que no es necesaria una nueva constitución si el problema es «sólo» de algunas disposiciones actualmente vigentes.

Llamaremos «el desafío de la derecha» a la forma general de este argumento.

El punto inicial de ese desafío es correcto: entender el problema constitucional chileno requiere, en parte, dar cuenta de problemas constitucionales concretos vinculados a la Constitución de 1980. Eso no quiere decir, sin embargo, que se trata de una discusión de disposiciones: «el artículo 19 número 8 debiera ser sustituido por otro que tenga el siguiente texto [...]»; este es un modo incorrecto de entender una discusión constitucional. Dado lo que es una constitución, una discusión sobre cuestiones concretas de contenido no es sólo una discusión sobre redacción de disposiciones constitucionales, sino una discusión sobre decisiones fundamentales en la organización del poder y de la política. Por ello, exponer el problema constitucional dando cuenta de los aspectos concretos en que se manifiesta no puede consistir en discutir sobre cambios de redacción de disposiciones constitucionales; la discusión constitucional puede bien ser de contenido, pero una discusión constitucional de contenido no es una discusión sobre disposiciones constitucionales actuales y disposiciones constitucionales queridas.

Por eso, para entender correctamente qué es una discusión constitucional, qué es un problema constitucional y cuál es el problema constitucional chileno resulta crucial comenzar por entender *qué es una constitución*. Crucial porque muchas veces quienes niegan que sea necesaria una nueva constitución lo hacen confundiendo o malentendiendo lo que es una constitución. Por eso es bueno partir por responder esta pregunta. Y aunque sea muy abstracta o teórica, veremos que todos los ciudadanos podremos, al final de este capítulo, responderla.

La constitución como decisión fundamental sobre el poder político

Empecemos con una pequeña descripción del sentido de una constitución que no debiera resultar polémica para nadie: una constitución es una decisión sobre los aspectos fundamentales de la forma del poder y de su relación con la política.

En sistemas con constituciones escritas, esas decisiones fundamentales se encuentran contenidas, al menos en parte, en textos que se caracterizan porque están sujetos a un procedimiento dificultado de reforma. Pero la constitución misma no es ni ese texto, ni ese método dificultado de reforma, sino *la decisión fundamental que ese método dificultado de reforma protege*. Esto es muchas veces malentendido por los expertos en derecho constitucional. Ellos suelen decir que *la constitución es un texto con normas que se caracterizan por ser de difícil modificación*: para modificar la constitución no basta que la mayoría de los diputados y senadores esté de acuerdo, como sucede en el caso de las leyes. En nuestro caso, el texto constitucional para ser modificado requiere de la concurrencia, con su voto, de los 3/5 o los 2/3 (dependiendo de la materia a reformar) de los senadores y diputados en ejercicio.

Así las cosas, para los expertos es difícil evitar la siguiente conclusión: la constitución es un texto que puede ser identificado y distinguido de otros textos por la manera (especialmente difícil) en que puede ser reformado. Lo que está en ese texto es la constitución, lo que no está ahí no es parte de la constitución. Ahora bien, aunque en algunos contextos este concepto de constitución puede ser de alguna utilidad, para nosotros, que queremos entender el problema constitucional, es enteramente inútil. Hay muchas maneras de mostrar esto, pero comencemos por la más obvia: no puede ser la dificultad de reforma lo que distingue a la constitución, porque es absurdo decir de un texto que es constitucional porque es difícil de modificar. Lo que hay que decir, evidentemente, es lo contrario: *que es difícil de modificar porque es constitucional*. En efecto, sólo en este segundo caso uno puede preguntar: ¿por qué hay un texto que es especialmente difícil de modificar? Y la respuesta será: porque ahí está la constitución. ¿Y por qué la constitución debe ser difícil de modificar? Porque la constitución es la *decisión fundamental sobre la forma del poder, su configuración y su modo de ejercicio*.

Ahora bien, esta manera de entender qué es una constitución es una comprensión *política* porque rescata lo importante, que es precisamente lo que la comprensión del experto en derecho constitucional no ve: que si hay una razón por la cual el texto constitucional es difícil de modificar es porque contiene esa decisión fundamental y esa decisión fundamental es tan importante que requiere ser estabilizada. La comprensión del experto en derecho constitucional ignora lo importante porque sólo mira a la forma: en vez de entender que la constitución es esa decisión fundamental, entiende que la constitución es un texto difícil de modificar. Esta distinción entre la constitución como un texto que contiene disposiciones jurídicas difíciles de modificar y la constitución como decisión (o conjunto de decisiones) fundamental sobre el poder y la política puede ser expresada distinguiendo los conceptos de «ley constitucional» y «constitución».

Esta distinción es necesaria porque el texto que es difícil de modificar (y que los expertos llaman «constitución») contiene disposiciones que difícilmente pueden ser entendidas como fundamentales. Así, por ejemplo, «los fiscales regionales tendrán que tener a lo menos cinco años de título de abogado» (art. 86, inc. 3º); o «los templos y sus dependencias, dedicadas exclusivamente al servicio de un culto, estarán exentos de toda clase de contribuciones» (art. 19, núm. 6, inc. final).

Estas dos reglas son «constitucionales» en el sentido del experto: para ser modificada, la primera requiere el voto favorable de 3/5 de los diputados y senadores en ejercicio; la segunda, el voto de 2/3. Pero evidentemente no son normas fundamentales en cuanto a la forma y organización del poder. En la medida en que el texto que los expertos en derecho constitucional llaman «constitución» contiene normas como estas, tendremos que decir que no todo lo que está en ese texto es la constitución. Algunas partes lo son, otras no. Estas últimas serán por su contenido (es decir: por las materias a las que se refieren) meras leyes. Las llamaremos «leyes constitucionales».

Habiendo distinguido la constitución de las leyes constitucionales, podemos hacer otra distinción que hoy es crucial para entender el problema constitucional y que responde directamente a la pregunta de por qué se necesita una nueva constitución. Porque ahora podemos decir: si se modifican las *leyes constitucionales*, no se está cambiando *la constitución*. Un cambio constitucional (nueva constitución) es la modificación de las decisiones fundamentales sobre el poder y la política. Si no se revisan estas decisiones, entonces sólo se ha hecho una reforma (de leyes) constitucional(es), como tuvo lugar en el año 2005, pese al cambio de firma del texto constitucional. Si se revisan, en cambio, las decisiones fundamentales sobre el poder y la política que nos rigen, entonces se habrá dictado una *nueva constitución.*

No distinguir entre constitución (=la decisión fundamental sobre el poder y su modo de ejercicio) y leyes constitucionales (=el texto aquel que es difícil de modificar) confunde toda la discusión sobre la nueva constitución chilena.

Y aquí podemos volver a ese dato que ya ha sido mencionado: cuando la pregunta es por si es necesaria una nueva constitución, 77% responde que sí. Pero ante la pregunta ¿ha leído usted al menos en los últimos cinco años la constitución política de Chile?, el 75% reconoce no haber leído la constitución[5]. Entonces, el argumento es que el 77% en el fondo no sabe lo que responde porque no es posible creer que es necesaria una nueva constitución si no se ha leído el texto de la Constitución de 1980.

Este argumento tiene sentido, si es que lo tiene, bajo el supuesto de que la constitución es un texto. En efecto, bajo ese supuesto es absurdo decir que es necesaria una nueva constitución sin saber qué es lo que dispone el texto vigente; si es un texto, una nueva constitución será un nuevo texto. Y para que haya un nuevo texto no es necesario, evidentemente, que cada palabra sea distinta. Todo lo que es necesario es que el nuevo texto sea suficientemente distinto al antiguo texto. Pero ¿cuán distinto es «suficientemente»? La respuesta es que nada importante puede depender de dónde uno fija la línea. Si la constitución es un texto, entre una reforma constitucional y una nueva constitución no hay mayores diferencias.

Si la constitución es un texto, por último, es difícil negar que ya no vivimos bajo la Constitución de 1980. Porque es verdad que el texto ha cambiado; ha cambiado tanto que es difícil negar que es un texto distinto.

Nótese que si sólo tienen una opinión digna de atención los especialistas (que conocen el texto), ya no vivimos bajo la Constitución de 1980, sino que bajo una constitución que se ha construido a través de sucesivas reformas durante los últimos veintiséis años de democracia. Todo eso parece ser correcto si entendemos que la constitución es un *texto.*

----

5   ¿Ha leído usted al menos en los últimos cinco años la constitución política de Chile…?: <http://plazapublica.cl/lectura-de-constitucion-politica/>.

Pero si ahora entendemos que el texto no es la constitución sino que la *constitución es la decisión fundamental sobre el poder y su modo de ejercicio*, entonces tiene pleno sentido que el ciudadano, aunque no necesariamente conozca el texto, afirme la necesidad de nueva constitución. El que dice eso no está diciendo que el texto actual es deficitario (por eso su opinión no queda necesariamente descalificada si no lo ha leído), sino que la *forma política* actual es deficitaria, que es necesaria una nueva decisión sobre el poder y su modo de ejercicio.

Si la *constitución es la decisión fundamental sobre el poder y su modo de ejercicio* es evidente que hay una enorme diferencia entre reforma constitucional y nueva constitución: una reforma constitucional será una modificación (más o menos importante) de leyes constitucionales; una nueva constitución será una nueva decisión fundamental sobre el poder y su modo de ejercicio. Y por cierto, del hecho de que en estos últimos veintiséis años el texto haya sido profusamente modificado no se sigue que la constitución (la decisión fundamental) haya cambiado; es posible (de hecho, es lo que ha ocurrido) que sólo hayan sido dictadas o modificadas leyes constitucionales.

Nótese así cómo cambia toda la discusión una vez que introducimos un lenguaje adecuado para hablar de ella.

El problema constitucional en Chile

Habiendo aclarado qué es una constitución, podemos continuar con nuestro esfuerzo por entender el problema constitucional. Lo que debemos hacer ahora es explicar por qué la constitución chilena –el conjunto de decisiones fundamentales sobre el poder que nos rige– ha resultado ser insalvablemente problemática. Esto requiere mirar más de cerca el contenido y la función que cumplen esas decisiones fundamentales.

Las decisiones fundamentales sobre la organización del poder (es decir, la constitución) pueden ser de dos tipos. Pueden ser decisiones que buscan limitar un poder que se entiende preexistente o decisiones que pretenden constituir un poder que de otro modo no existiría. La constitución como una decisión del primer tipo (de limitación de un poder que se entiende preexistente) es un concepto característico de las denominadas «monarquías constitucionales» del siglo XIX y parece, por ello, tratarse de una cuestión histórica, al menos en Occidente. Entre nosotros, sin embargo, la Constitución de 1980 pretendía jugar exactamente ese rol hasta la transición: se trataba de un compromiso del gobernante, que tenía un poder (militar) real, con los gobernados sobre los modos en que el primero no ejercería el poder y sobre formas de reacción que les reconocía a aquellos ante el ejercicio arbitrario del poder. Si uno miraba, sin embargo, más de cerca las limitaciones que el texto constitucional contenía en los artículos transitorios de su versión original, se daba inmediatamente cuenta de que éste no tenía voluntad de renunciar a ningún poder. Esto no es un fenómeno extraño: las constituciones monárquicas tendían a ser, en realidad, maniobras políticas forzadas por las circunstancias, sin que el monarca pretendiera realmente limitar su poder. El hecho de que las monarquías se vieran forzadas a reconocer que debían limitar su poder tendió a ser, sin embargo, el primer paso hacia la limitación real de su poder.

Como la función de la constitución era en estos casos una de pura autolimitación (propagandística o real) de un poder ya existente, el lenguaje usado para describirla reflejaba este hecho, y entendía a la constitución como un regalo del monarca (o del tirano) al pueblo: el monarca les obsequiaba, les «otorgaba» a sus súbditos una constitución. En una «dictadura constitucional», la función que juega la constitución es la misma: el tirano se compromete (o dice comprometerse) a respetar ciertas condiciones de ejercicio de un poder que no es creado, sino limitado, por ese acto. Es importante destacar que en este sentido el poder no se funda en la constitución, sino en la pura facticidad del control del poder real (en general militar) y en el hecho de que su autoridad es *de facto* reconocida: Pinochet mandaba porque su autoridad era *de facto* reconocida por los miembros del ejército, las demás ramas de las FFAA y una parte suficientemente relevante de la ciudadanía. Nótese cuidadosamente: la fuente de su poder no se encontraba en la constitución, sino en el reconocimiento preconstitucional de su existencia.

Parte de la teoría constitucional sigue utilizando hoy un lenguaje y unas categorías que sólo tenían sentido en el contexto ya indicado de las monarquías (o las dictaduras) constitucionales; en este anacronismo incurren quienes siguen hoy diciendo que la función de la constitución es «limitar el poder» (es obvio que si esa es la función de una constitución, el poder mismo tiene un origen o fundamento pre-constitucional). La forma más típica de este discurso en nuestra época se obsesiona con los derechos constitucionales: es en los catálogos de derechos donde se encontrarían los límites al poder, las «cartas de triunfo» que cada individuo puede oponer a toda mayoría. En la Tercera Parte diremos algo sobre los derechos y si son o no límites al poder, pero por ahora lo importante es enfatizar que este es un lenguaje pre- o proto-democrático. El poder republicano o democrático es un poder que no puede preexistir a la constitución, porque es improbable entre los seres humanos que el poder real se encuentre distribuido en órganos impersonales (la promesa republicana o del Estado de Derecho: gobierno de las leyes, no de los hombres) o en el pueblo (la promesa democrática: la ley como voluntad del pueblo). Una constitución republicana, tal como una constitución democrática (al igual que la fórmula que hoy adopta cualquier constitución contemporánea: la forma democrática-republicana, soberanía popular y Estado de Derecho), pretende *crear un poder nuevo*, un poder que no existe fuera de la constitución. En ese sentido, una constitución puede ser entendida como el conjunto de decisiones fundamentales respecto al modo de organización de *un poder que es creado por la misma constitución*.

La Constitución de 1980 y su doble crisis

Una vez distinguidas estas dos maneras de entender la relación entre la constitución y el poder político, podemos ahora decir que las constituciones modernas constituyen el poder. En el caso de Chile, desde 1988 la Constitución de 1980 sólo puede ser entendida ya no como un compromiso de limitación de un poder preexistente, sino como una decisión de organización de un poder que se pretende constituir. En este preciso sentido, uno puede conceder sin más el punto a quienes sostienen que Chile vive bajo la Constitución de 1988 y no bajo la de 1980, porque la función política que desde 1988 cumple la constitución no puede ser la misma que antes de esa fecha. Para decirlo en términos de historia constitucional comparada: en

1988 se transita desde una constitución cuya función política era «monárquica» (compromiso del gobernante de facto de limitación de su poder) hacia una constitución «republicana» o «democrática» (constitución de un poder que de otro modo no existiría)[6].

No hay que exagerar, sin embargo, la significación constitucional de 1988: las decisiones fundamentales sobre organización del poder no fueron, en lo esencial, tomadas en 1988, sino en 1980. En ese otro sentido (el que hoy es políticamente decisivo) vivimos de modo indudable bajo la Constitución de 1980, pese a que ya no vivimos bajo una dictadura (pretendidamente) constitucional.

Como toda constitución, entonces, la de 1980 es un conjunto de decisiones fundamentales sobre la organización del poder que nos rige. Esas decisiones fundamentales no se han generado todas, sin embargo, en 1980: varias de ellas responden a una tradición que se remonta al siglo XIX y fueron mantenidas sin demasiados cambios en 1980 (por ejemplo: la idea de Estado unitario y central); otras de ellas fueron acentuadas, pero no constituidas por la Constitución de 1980 (por ejemplo: el «presidencialismo» chileno). Otras tantas decisiones son, en cambio, originales de la Constitución de 1980 (por ejemplo: las leyes orgánicas constitucionales).

Estas decisiones originales de la Constitución de 1980 pueden ser descritas de un modo más bien sencillo: se trata de la limitación de la posibilidad de acción del poder político democrático en áreas identificadas como cruciales para la imposición de un programa político determinado. Así, la Constitución de 1980 ha neutralizado la agencia política del pueblo por medio de los mecanismos de limitación (trampas) que analizaremos más adelante. Es importante entender, sin embargo, que el modo de realización de esa decisión fundamental («las trampas») está organizado de un modo complejo, que se distribuye en normas de distinto rango. No todas ellas están

---

6   Aquí usamos «constitución monárquica» para designar una comprensión del poder como anterior a la constitución, en el sentido ya explicado más arriba. Ahora bien, incluso hoy existen constituciones que organizan el poder de modo monárquico, no republicano: son las llamadas «monarquías constitucionales». A pesar de la forma monárquica que dan al poder, estas constituciones descansan en una comprensión democrática de la constitución y el poder. Por eso, en el sentido usado en el texto principal, estas constituciones, las de las monarquías constitucionales actuales, no son «monárquicas».

contenidas directamente en el texto constitucional, pero este las resguarda frente al cambio.

Además, hay que tomar en cuenta que la finalidad neutralizadora de 1980 se ha unido en una especie de simbiosis histórica con otras instituciones constitucionales que la propia Constitución de 1980 recogió. Por eso hoy, para explicar el problema constitucional, como veremos, la referencia a la neutralización y sus efectos es importante, pero no agota la cuestión.

Porque si una constitución debe ser entendida como el conjunto de decisiones fundamentales sobre organización del poder, un problema o crisis constitucional tiene que designar patologías que se refieren precisamente a esas decisiones fundamentales. Esas patologías pueden ser, a grandes rasgos, de dos clases: o bien la decisión fundamental puede revelarse como defectuosa en el sentido de que no logra una finalidad que ella pretendía lograr; o bien la decisión política puede ser impugnada en el sentido de que lo que en un momento fue aceptado más o menos a regañadientes pasa a ser rechazado políticamente. La primera clase de problema puede ser vista, en ese sentido, como un problema de *diseño político* que se hace visible por el paso del tiempo; la segunda clase de problema puede ser vista, en cambio, como un problema de *pérdida de hegemonía* o consenso frente a la decisión fundamental en cuestión. La Constitución de 1980 se ve aquejada, como veremos con más detalle, por problemas de ambas clases. Un problema de diseño político puede advertirse de inmediato cuando uno observa la falta de capacidad de generación de estabilidad política de quien, en el diseño de la Constitución de 1980, debía garantizarla: el Presidente de la República. Más allá de la pretensión general de debilitamiento de la política que subyace a la Constitución de 1980, no es razonable creer que los autores de su diseño hubieran buscado que se generara inestabilidad política y que la figura del Presidente de la República no tuviera poder para contrarrestarlo. Como veremos, ello sí es atribuible, sin embargo, a su diseño. Aquí el problema surge porque el tiempo ha develado que las instituciones constitucionales están mal diseñadas.

Un problema de pérdida de hegemonía (o una impugnación extensa) puede advertirse, en cambio, en torno a las limitaciones a la capacidad de generación de cambios institucionales relevantes.

Que la mayoría política no tenga capacidad de modificar cuestiones vistas como esenciales por la dictadura (en lo más evidente: la injerencia del Estado en la economía, incluyendo la extensión de su potestad regulatoria; el sistema de seguridad social) constituye una decisión autoconsciente y querida por este. La crisis no puede ser vista, en ese sentido, como un «problema de diseño revelado por el tiempo», porque el tiempo ha revelado más bien que la decisión se mantiene y funciona. La crisis se refiere, más bien, al creciente rechazo de esa decisión.

Esto permite explicar por qué el problema constitucional se ha agudizado notoriamente desde 2011. Durante los veinte años de la transición no hubo una demanda política de transformación del modelo de la dictadura que alcanzara una magnitud suficiente para impugnar la neutralización constitucional, para producir lo que hemos llamado una «crisis de hegemonía». En efecto, durante los tres primeros gobiernos de la Concertación, la neutralización constitucional no era compartida por la mayoría políticamente electa, pero ella se conformaba con su existencia porque la entendía como condición de estabilidad y prosperidad nacional. Es importante marcar esta distinción. Ante la pregunta: «¿Está usted de acuerdo con que ciertos aspectos del modelo político y económico simplemente no puedan ser reformados a través de la voluntad democrática?», un dirigente concertacionista tendría que haber respondido que no. Pero la pregunta relevante que muestra la hegemonía de la Constitución de 1980 hasta al menos el primer gobierno de Michelle Bachelet no es esa, sino una ligeramente distinta: «¿Está usted de acuerdo con limitar su poder de decisión a cambio de un estado general de estabilidad y relativa prosperidad?». La respuesta real de un dirigente concertacionista a esta segunda pregunta era indudablemente afirmativa. Esta es exactamente la misma condición en que se encontraba la burguesía durante el Imperio Alemán: el arreglo constitucional la excluía de parte importante del manejo del Estado, por lo que ante la pregunta de si estaba de acuerdo con que sus representantes (el parlamento) no tuvieran injerencia en esas cuestiones centrales, la burguesía tendría que haber respondido que no. Pero lo relevante no era su respuesta en el nivel del discurso a esta primera pregunta, sino su respuesta real (=en el nivel de la vida concreta) a la segunda pregunta, respuesta que se encontraba en su aceptación de esa exclusión como precio de su propia prosperidad y estabilidad. Esa aceptación se veía probablemente en ambos casos mediada por una amenaza tácita de desestabilización en caso de ruptura del acuerdo. Por eso, burguesía y mayoría concertacionista se conformaban con el estado de cosas existente.

En el Capítulo 3, que cierra esta primera parte, intentaremos describir del modo más claro posible las formas explícitas e implícitas en las que la constitución neutraliza la política democrática.

Capítulo 3
Las reglas neutralizadoras

La decisión fundamental de la neutralización

Pese a las más de 200 reformas que ha sufrido el texto constitucional, la constitución no ha cambiado: el texto ha cambiado considerablemente, muchas leyes constitucionales han sido dictadas, derogadas y modificadas, pero sigue vigente la decisión neutralizadora sobre la forma del poder en la que consiste la Constitución de 1980. Ahora veremos concretamente cuál es ese conjunto de reglas tramposas con que la dictadura configuró el poder con el objeto de neutralizarlo.

Los redactores originales de la constitución sabían que, entrada la segunda mitad del siglo XX, el único principio político legitimatorio era el principio democrático. Principios alternativos (como el principio monárquico) ya eran historia. Esto tenía una consecuencia importante: *si su objetivo era que su programa político perdurara más allá de la dictadura*, una condición elemental era que la forma que ella daba al poder fuera reconociblemente democrática[7].

Es decir, era necesario, era una condición de estabilidad de la Constitución de 1980, que el poder que ella constituía tuviera forma aparentemente democrática. Pero, por otra parte, sus redactores temían a la democracia, al poder de la ciudadanía, porque sabían que el modelo neoliberal no resistía legitimación democrática, por lo que en democracia sería fundamentalmente revisado. Sin creer

---

7　De hecho, en *el* caso en que el texto constitucional dio originalmente una forma explícitamente no democrática al poder, esa forma fue de escasa duración. En efecto, conforme al artículo 108 (original), los alcaldes eran designados o por el consejo regional de desarrollo respectivo o derechamente por el Presidente de la República. En noviembre de 1991, mediante la ley 19097, se modificó la constitución para que los concejos municipales y los alcaldes fueran elegidos por sufragio universal.

en el principio democrático pero no pudiendo ignorar su avance, y temerosos de los efectos que este podía generar, consagraron una institucionalidad democrática protegida por un conjunto de trampas, con el objeto declarado que ya hemos citado: «si llegan a gobernar los adversarios, se vean constreñidos a seguir una acción no tan distinta a la que uno mismo anhelaría, porque –valga la metáfora– el margen de alternativas que la cancha imponga de hecho a quienes juegan en ella, sea lo suficientemente reducido para hacer extremadamente difícil lo contrario». De esta forma, el modelo de la dictadura quedaría inmunizado frente a la política democrática. Porque el objeto de estos instrumentos, de estas reglas constitucionales tramposas, era y sigue siendo hoy en día hacer irrelevantes los mecanismos institucionales de decisión política: la idea es que nada crucial pueda ser decidido a través de los procesos formales de expresión democrática.

Veamos, entonces, cómo las trampas cumplen esa función.

El sistema binominal

El primer componente de las trampas que constituyen a la Constitución de 1980 es el sistema electoral binominal.

El sistema binominal fue defendido por años diciendo que era «sólo» una regla para transformar votos en escaños, y que en distintos países democráticos hay distintas reglas para lograr ese efecto. Ambas observaciones son correctas, pero cumplían la función de ocultar la realidad.

Es verdad que un sistema electoral es «sólo» una regla para transformar votos en escaños; también es verdad que en distintos regímenes democráticos hay diversos sistemas electorales. Pero de eso no se sigue que el sistema binominal haya sido un sistema democráticamente decente. Porque la pluralidad de sistemas que hay en el mundo no es azarosa, responde al hecho de que una elección democrática puede ser interpretada de dos maneras posibles, es decir, que hay dos interpretaciones democráticas del resultado de una elección.

En primer lugar, uno pude entender que en una elección se manifiesta la diversidad política del pueblo, el hecho de que en el pueblo hay diversas visiones políticas. Si uno entiende de este modo la elección, el sistema electoral (la regla para transformar votos en escaños) buscará lograr la mayor representación posible de esta diversidad en el órgano respectivo. El costo será, naturalmente, la tendencia al fraccionamiento.

En segundo lugar, uno puede entender que en una elección se manifiesta la unidad del pueblo: el hecho de que ante varias opciones en competencia, una de ellas ha recibido la adhesión mayoritaria de la ciudadanía y por eso cuenta como la voluntad del pueblo. Así entendido el sentido político de una elección, el sistema electoral buscará dar a dicho sentido una expresión clara.

Algunos sistemas electorales (el mejor ejemplo de los cuales es el sistema británico, enteramente uninominal) son unilaterales en tanto descansan en solo una de estas interpretaciones. Pero la mayoría intenta armonizarlas: entregar suficiente representatividad a las diversas opiniones políticas que pueden encontrarse de modo relevante en una sociedad, sin que ello impida la identificación de una voluntad mayoritaria. Los sistemas proporcionales más destacados (cuyos mejores ejemplos se encuentran en Europa central) responden a la primera interpretación de una elección y desde ahí buscan un modo de «corrección» para incorporar la segunda; muchos sistemas mayoritarios se construyen del modo recíprocamente inverso. En ambos casos, se busca obtener una interpretación de la fuerza política dominante.

El sistema binominal era, por su parte, un sistema bastardo, porque no respondía a ninguna de las dos interpretaciones democráticas de una elección. Es decir, no descansaba en una interpretación democrática del resultado de una elección en ningún sentido posible. Y era tan absurdo que de cada familia de sistemas tomaba lo malo y dejaba lo bueno.

En efecto, como sabemos, de acuerdo al sistema binominal, se elegían en la misma elección dos escaños por circunscripción o distrito electoral y se los llevaba, por regla general, un candidato de cada una de las dos grandes coaliciones. Esto, por un lado, tendía a excluir del Congreso a toda tercera fuerza (excluyendo la diversidad), pero también a producir un Congreso empatado en dos grandes bloques (excluyendo la formación de mayorías). Es decir, el sistema binominal se quedaba con el rasgo patológico de cada sistema y eliminaba su rasgo democrático.

Por otro lado, esto llevaba a que para cada candidato de las coaliciones mayores su principal competencia era su compañero de lista. Y por consiguiente, en la campaña, la oposición importante no era la de la otra lista (que tenía asegurado un candidato), respecto al cual naturalmente debía haber oposición política real, sino la de su compañero de lista, con quien (se supone) no había diferencias políticas considerables. Así, la discusión política se transformaba en discusión puramente publicitaria (en muchos casos incluso violenta) entre comandos de compañeros de lista, excluyendo precisamente las cuestiones políticas relevantes.

Por cierto, el sistema binominal ya ha sido reformado. ¿Quiere decir eso que ya no debemos reflexionar sobre sus características o consecuencias? En lo absoluto, por varias razones:

Primero, porque aunque ha sido reformado, la mitad del senado, elegida con sistema binominal en 2013, seguirá ocupando sus cargos hasta 2022. Segundo, porque el nuevo sistema que reemplazó al binominal mantiene todavía una dosis relevante de binominalidad, en la forma de circunscripciones senatoriales que eligen en la misma elección dos senadores. Se trata de cinco circunscripciones[8], cada una de las cuales elige dos senadores, por lo que habrá que decir que el sistema binominal se mantiene para un quinto del Senado[9]. Tercero, porque, como enfatizaremos más adelante, las trampas constitucionales pasaron de estar en las reglas constitucionales a la cultura política, y por eso hoy debemos hablar de una cultura política binominal. Esta cultura política no cambia porque haya cambiado el sistema electoral binominal. Y cuarto, porque las razones por las que hemos explicado que el binominal era un sistema bastardo

---

8   Cada región contiene una sola circunscripción senatorial.

9   La razón para no elegir más de dos senadores en estas circunscripciones, se dijo durante la tramitación de la reforma, es que estas regiones no podían tener más senadores, porque eso crearía un desbalance enorme en la representación de sus habitantes, y no podían tener menos, por definición política en cuanto al mínimo de representación. Esto obligaba a mantener circunscripciones binominales. Esto es incorrecto. El hecho de que haya dos senadores por circunscripción no obliga a una solución binominal: considérese el caso del Senado de Estados Unidos, conformado por dos miembros por cada estado. Las reglas de integración del Senado, sin embargo, tienen como un objetivo explícito que nunca dos senadores del mismo estado se presentan a la misma elección. Esta misma regla podría haberse adoptado para las circunscripciones que quedaron con dos senadores.

implicaron que él destruyó (o contribuyó considerablemente a destruir) la lógica de la representación democrática, que será uno de los temas principales de este libro. Y esta consecuencia del sistema binominal se quedará por mucho tiempo con nosotros. Es por ello ingenuo pensar, hoy, que por el mero hecho de que se ha dictado una reforma que introduce mayores índices de proporcionalidad –y lo hace, por lo demás, de forma bastante arbitraria, generando riesgos de aprovechamiento en la definición de las circunscripciones– el sistema binominal ya es historia.

Además de las consideraciones anteriores por las cuales es importante seguir hablando del sistema binominal, lo ocurrido con él y con reformas anteriores nos permite observar un patrón que debemos recordar porque se proyecta sobre las discusiones posteriores: el artículo 8º (que prohibía los partidos marxistas) fue eliminado en 1989, y desde entonces es evidente para todos que ese artículo era inaceptable. Pero fue defendido durante toda la década de los ochenta con argumentos que reclamaron respetabilidad académica y política hasta esa fecha; ¿qué se hicieron los sofisticados argumentos en defensa del artículo 8º? ¿Qué fue de quienes anunciaban los más espantosos desastres si era derogado? La respuesta es: desaparecieron totalmente, porque eran *totalmente falsos*. Pero quienes mostraron de ese modo que sus argumentos eran puramente oportunistas (de otro modo habrían seguido defendiendo la necesidad del artículo 8º después de haber sido derogado), pasaron al siguiente tema y defendieron con la misma pasión los senadores designados... hasta 2005, en que esos senadores fueron derogados y todos esos argumentos desaparecieron, de nuevo sin dejar rastro. Y quienes los habían sostenido pasaron a defender el sistema binominal, hasta 2015, en que volvió a ocurrir lo mismo. Hoy se defienden las trampas restantes, el Tribunal Constitucional y las leyes orgánicas constitucionales y las exageradas condiciones para la reforma constitucional, con argumentos que reclaman la misma respetabilidad que esos otros argumentos; pero detrás de ellos no hay sino defensa de las trampas unilateralmente impuestas por la dictadura. En este sentido, el sistema binominal tiene todavía relevancia en la demostración de la retórica de la Constitución de 1980.

Las leyes orgánicas constitucionales

La segunda trampa prevista por la Constitución de 1980 es la exigencia de que ciertas materias sean reguladas por leyes con un quórum de aprobación superior a la mayoría: se trata de las *leyes orgánicas constitucionales*, que exigen la aprobación de 4/7 de los diputados y senadores en ejercicio. Estas leyes evidentemente contradicen el principio democrático, que encuentra en la regla de la mayoría la única regla democrática de decisión: las leyes orgánicas constitucionales no pueden ser dictadas, modificadas o derogadas sin la concurrencia de una cantidad de votos en ambas Cámaras ampliamente superiores a la mitad más uno.

En defensa de la existencia de estos quórums exagerados para dictar, derogar o modificar ciertas leyes suelen ofrecerse (como antes en defensa del artículo 8°, de los senadores designados y del sistema binominal, como hemos visto) argumentos que reclaman respetabilidad y seriedad, pero que no son sino confusiones o voladores de luces. Por ejemplo, se dice, es común que haya ciertas reglas cuya modificación exige más que la mayoría. Respuesta: sí, eso es lo que define, como hemos visto, a las leyes constitucionales, al texto constitucional. Pero ahora la cuestión no es por la modificación del texto constitucional, sino de las leyes. Y *no* es común que la aprobación de la ley esté sujeta a exigencias superiores a la mayoría. Se dice: es que estas leyes (orgánicas) no son un invento de la Constitución de 1980, vienen de la constitución francesa de 1958 y la española de 1978. Respuesta: sí, pero las leyes que esas constituciones denominan como «orgánicas» no requieren quórums superiores a la mayoría, tal como sucede en el caso chileno. Se dice: en algunos países hay leyes que sólo pueden modificarse por una mayoría especialmente calificada. Respuesta (y este es el punto central): estos casos son muchísimo más excepcionales de lo que uno podría pensar, y por eso este último argumento ignora la dimensión contextual de la trampa constitucional chilena: las materias que quedaban sometidas a esta exigencia especialmente alta fueron elegidas (con algunas excepciones de leyes orgánicas que se crearon después de 1990, como la del Ministerio Público) por la dictadura, que además aprovechó su carácter antidemocrático para dictar, apresuradamente, en el tiempo posterior al plebiscito del 5 de octubre de 1988 una serie de leyes que desarrollaron estas materias.

Por lo demás, dada la operación del sistema binominal (y los senadores designados), lo anterior significaba que esas leyes no podrían ser cambiadas después del fin de la dictadura sin la venia de la derecha. Esto sucede porque la primera y la segunda trampa operan en conjunto. Con ello, el proyecto político que la dictadura dejó amarrado mediante un sinnúmero de leyes no puede ser desactivado a través de la acción política democrática. Con un Congreso empatado gracias al sistema binominal, esta segunda trampa opera a la perfección, ya que muy difícilmente la coalición de centro izquierda tendrá los votos necesarios para alcanzar los altos quórums exigidos: estos sólo podrán obtenerse con la concurrencia de los votos de la derecha, la que los entregará en la medida en que las modificaciones no dañen su proyecto político. Y entonces lo que ocurrirá es lo que tantas veces hemos observado: que proyectos de ley que tenían en un principio un contenido transformador (piénsese en la Ley General de Educación, o del financiamiento de las campañas electorales) lo van perdiendo progresivamente a medida que avanzan en su tramitación parlamentaria, porque sólo pueden reunir los votos necesarios para ser aprobados si se elimina su contenido transformador. Y cuando el proyecto se convierte en ley, ya neutralizado, se presenta al país como un «gran acuerdo» (el caso de la LGE ha provisto desde 2011 la iconografía de la neutralización), pero a poco andar nos damos cuenta de que la transformación prometida ha quedado neutralizada por la «letra chica» que apareció durante la tramitación parlamentaria.

Por último, el argumento más curioso en defensa de las leyes orgánicas constitucionales es que estas se refieren a cuestiones que son especialmente importantes, y por ello pretenden asegurar que las leyes den cuenta de un «amplio consenso nacional» o «un gran acuerdo». Este es el argumento más curioso, porque quienes lo hacen no se detienen a pensar que los quórums contramayoritarios tienen precisa y exactamente el efecto contrario al que ellos alegan. Una ley que sólo puede ser modificada o derogada mediante el voto conforme de 4/7 de los senadores y diputados en ejercicio continuará en vigencia incluso si hay una mayoría a favor de derogarla, siempre que haya al menos una minoría de 3/7 que quiera mantenerla. Es decir, una regla contramayoritaria como la de las leyes orgánicas constitucionales no hace probable que las leyes vigentes den cuenta de un gran acuerdo, sino precisamente al contrario, hacen probable que las leyes continúen rigiendo incluso si para mantenerlas no hay el acuerdo mínimo que implica una mayoría. Si se trata de hacer probable que las leyes cuenten con el mayor respaldo posible, la única regla institucionalmente aceptable es la de la mayoría simple para modificarlas, dictarlas o derogarlas.

El oportunismo de este argumento sobre los «grandes acuerdos» queda en claro no sólo al constatar que él es autocontradictorio, sino porque omite completamente el hecho de que todas las leyes orgánicas (con la sola excepción de la del Ministerio Público) fueron dictadas sin acuerdo alguno, unilateralmente, por la dictadura. La pretensión, entonces, no era que esas leyes dieran cuenta de un gran acuerdo, sino precisamente que se mantuvieran aunque hubiera una mayoría dispuesta a modificarlas. Todo esto es tan obvio que uno puede razonablemente preguntarse cómo este argumento de los «grandes acuerdos» ha sido alguna vez aceptado como eso (un argumento), y no simplemente como lo que es (un disfraz para una mera imposición fáctica). Sorprendentemente, tuvieron que pasar más de dos décadas antes de que las leyes orgánicas constitucionales fueran identificadas como una trampa. Esto es en sí mismo insólito, porque desde el principio estuvo claro cuál era su finalidad: fijar el régimen de la dictadura como un statu quo, inalterable sin la concurrencia de los votos de la propia derecha, amplificados por el sistema binominal y, hasta 2005, por los senadores designados. Y esto es fácilmente verificable.

Pocos recuerdan el «frenesí» legislativo que siguió a la derrota de la dictadura el 5 de octubre de 1988. Prácticamente todas las leyes orgánicas constitucionales se dictaron o modificaron significativamente en ese período. Aunque puede ser tedioso, no está de más observar la lista:

-Diario oficial del 10 de marzo de 1990

1. ley 18962, orgánica constitucional de enseñanza;
2. ley 18972, que modifica la ley 18575, orgánica constitucional de bases generales de la administración del Estado;

3. ley 18967, que modifica la ley 18448, orgánica constitucional de las fuerzas armadas;
4. ley 18970, que modificó la ley orgánica constitucional del Banco Central, y
5. ley 18973, que modificó la ley 18961, orgánica constitucional de Carabineros de Chile;

-Diario oficial del 7 de marzo de 1990

6. ley 18961, orgánica constitucional de Carabineros de Chile;

-Diario oficial del 27 de febrero de 1990

7. ley 18948, orgánica constitucional de las fuerzas armadas;

-Diario oficial del 23 de febrero de 1990

8. ley 18938, que modificó la ley 18605, orgánica constitucional de consejos regionales de desarrollo;

-Diario oficial del 17 de febrero de 1990

9. ley 18930, que modifica la ley 18695, orgánica constitucional del Tribunal Constitucional;

-Diario oficial del 9 de febrero de 1990

10. ley 18923, que modifica la ley 18695, orgánica constitucional de municipalidades;

-Diario oficial del 5 de febrero de 1990

11. ley 18918, orgánica constitucional del Congreso Nacional;

-Diario oficial del 24 de enero de 1990

12. ley 18906, que modificó la ley 18415, orgánica constitucional de estados de excepción;
13. ley 18905, que modificó la ley 18603, orgánica constitucional de partidos políticos;

14. ley 18911, que modificó la ley 18460, orgánica constitucional del Tribunal Calificador de Elecciones;

-Diario oficial del 6 de enero de 1990

15. ley 18891, que modificó la ley 18575, orgánica constitucional de bases generales de la administración del Estado.

-Diario oficial del 10 de octubre de 1989

16. ley 18840, orgánica constitucional del Banco Central.

-Diario oficial del 11 de agosto de 1989

17. ley 18822, orgánica constitucional de inscripciones electorales y servicio electoral.

El Tribunal Constitucional como cerrojo final

Finalmente, si las trampas anteriores no fueran suficientes, es posible activar el último cerrojo, que permite que la minoría contraria a un proyecto de ley o a alguna de sus reglas pueda recurrir al Tribunal Constitucional, alegando la inconstitucionalidad de ese proyecto, evitando así, si su reclamo es acogido, que este pueda concretarse en una ley. Esto es lo que se conoce como control preventivo (del que hay dos formas: obligatorio y facultativo), establecido en el art. 93 Nº 1 y 93 Nº 3 de la Constitución de 1980.

La activación de esta trampa ha ocurrido en varias ocasiones, y la experiencia reciente lo ratifica claramente. Cada vez que la derecha resulta derrotada en alguna cuestión importante en el Congreso, recurre al Tribunal Constitucional. Esto a veces es reconocido por los propios parlamentarios de derecha, como cuando, después de perder una votación en el Congreso, el diputado Jaime Bellolio sostuvo «no importa. Vamos al Tribunal Constitucional y ahí estamos 6/4»[10]. Por enumerar alguno de los casos más recientes, así ocurrió con la ley de inclusión, la ley de reforma al sistema electoral, la reforma

---

10 Véase «Reforma educacional, aborto y laboral las dirimirá el TC, donde gobierno perdió la llave», en *La Segunda*, 15 de octubre de 2015.

laboral, la ley de presupuesto de 2015 en lo que se refería a gratuidad. Interesantemente, no ocurrió con la reforma tributaria, porque ella fue el resultado de un «gran acuerdo». Esto muestra el sentido del control preventivo del tribunal constitucional, que no es otro que dar a la derecha poder de veto incluso cuando no tenga la minoría de votos que requiere para eso.

¿Tienen las trampas constitucionales relevancia actual? La neutralización como realidad política

Hoy es común escuchar que las trampas que la Constitución de 1980 contenía poco a poco se han ido modificando a través de las sucesivas reformas constitucionales: el Consejo de Seguridad Nacional ya no tiene ninguna relevancia, la prohibición constitucional de los partidos marxistas fue abolida, los senadores designados y vitalicios fueron eliminados y, recientemente, se reformó el sistema electoral, acabándose parcialmente su carácter binominal. Si las trampas poco a poco se han ido eliminando, ¿por qué, entonces, el reclamo por una nueva constitución? Antes que una nueva constitución, ¿no es mejor reformar las reglas que contienen las «trampas» que aún quedan, para, de esta forma, terminar al fin con las reglas neutralizadoras?

Esta pregunta deberá ser considerada con cuidado, y la razón por la que deberá ser respondida negativamente es el tema de la Segunda Parte de este libro. Pero antes de llegar allá es importante ver la neutralización en acción, observar cómo ella ha operado de hecho en estos años. Esto es importante, porque la neutralización muchas veces opera en los intersticios de la tramitación parlamentaria de un proyecto de ley, de modo que, aunque al momento de ocurrir puede aparecer en la prensa y causar algún impacto, es pronto olvidada. Es importante volver sobre estos casos para entender que la neutralización no es sólo una idea; es una realidad política brutalmente eficaz.

La ley general de educación (LGE)

Comencemos con la tramitación de la Ley General de Educación de 2009 (LGE). La regulación de la educación a inicios de 1980, y que el día antes del término de la dictadura fue consagrada en la ley 18962 Orgánica Constitucional de Enseñanza (LOCE), hacía de la educación una mercancía y del sistema educacional un mercado.

Con las regulaciones de la dictadura, la provisión de educación se transformó, más que en la creación de proyectos educativos, en una posibilidad de emprendimiento. Así, frente a la absoluta libertad de los establecimientos educacionales de elegir a quienes ofrecían sus servicios y a quienes excluían (a quienes «seleccionaban»), la movilización estudiantil que emergió el año 2006, principalmente impulsada por escolares, exigió, entre otras cosas, el fin del lucro y de la selección.

En 2007 el primer gobierno de Michelle Bachelet presentó un proyecto de ley para sustituir la LOCE. Dicho proyecto reclamaba hacerse cargo de las demandas estudiantiles de los estudiantes secundarios. Entre otras cosas, contenía dos importantes cambios al sistema de mercado entonces vigente: primero, limitaba considerablemente la posibilidad de selección, en la medida que obligaba a los establecimientos educacionales subvencionados a aceptar a todos los alumnos que postulasen hasta 8º año de la educación general básica y, para el caso de exceso de postulantes, señalaba que la incorporación de los alumnos se ceñiría estrictamente a un proceso de selección público y transparente, en el marco del proyecto educativo institucional, el que en ningún caso podría considerar la situación económica o social del postulante, su rendimiento escolar pasado o potencial, el estado civil, escolaridad o religión de los padres, origen étnico del postulante, ni otro criterio que permita la discriminación arbitraria de este. En ese caso, las vacantes sólo podrán asignarse por prioridad familiar o, en última instancia, por sorteo, sin perjuicio de las discriminaciones positivas establecidas por ley. Segundo, acababa con la provisión de educación con fines de lucro, porque, como decía el mensaje que iniciaba la tramitación del proyecto de ley:

> la educación es un bien público, en caso alguno puede ser un negocio [...]. Es por esta naturaleza social del derecho a la educación que se entiende como ajeno a esta actividad la obtención del lucro.

En atención a estas razones, el artículo 44 del proyecto habilitaba al Ministerio de Educación para reconocer oficialmente sólo a los establecimientos educacionales que se organizaran como entidades sin fines de lucro, es decir, como corporaciones o fundaciones.

Ambas propuestas, que eran cruciales a la hora de convertir la educación en un derecho social, fueron rechazadas de plano por la derecha. La derecha, que ya no recibía la subvención de los senadores designados (abolidos en 2005) era, por cierto, minoría en ambas cámaras. Pero la LOCE era una ley orgánica constitucional, y no podía ser modificada por mayoría. Era necesario, entonces, obtener los votos de la derecha. Y adicionalmente, sería necesario sortear el escollo del Tribunal Constitucional que, como veremos más adelante, había construido una doctrina en que la libertad de enseñanza era similar a una libertad económica y respecto de la cual toda regulación era peligrosa.

Sabiendo esto, el ataque frente a ambas propuestas provino de la defensa de la libertad de enseñanza: la libertad de los establecimientos educacionales de poder seleccionar a sus estudiantes y la libertad de lucrar con la provisión de sus servicios fueron defendidas como aspectos esenciales de la libertad de enseñanza. En este sentido, el profesor de derecho constitucional de la Pontificia Universidad Católica, Arturo Fermandois, sostuvo ante el Congreso, que la prohibición de la selección

> infringe el derecho de cada establecimiento para seleccionar a sus alumnos conforme a sus propios idearios educativos.... Prohibida la selección, el ideario educativo pierde buena parte de su significación práctica[11].

Respecto de la obligación que el proyecto pretendía imponer a los sostenedores de constituirse como personas jurídicas sin fines de lucro, Fermandois señaló que ella

> priva al sostenedor de la facultad constitucionalmente reconocida para dotarse de la organización técnica y económica que estime más conveniente[12].

La oposición de la derecha al proyecto original de ley general de educación operó en los hechos como un veto. Y ella solo dio sus votos cuando estas dos reglas, que hacían del proyecto algo efectivamente transformador, fueron eliminadas para llegar a un «gran acuerdo»

---

11   Historia de la ley 20370, en la página web de la Biblioteca del Congreso Nacional de Chile <http://bit.ly/2mwLG2j>, página 234.

12   Historia de la Ley 20370, Ibíd., página 340.

que permitiera derogar la LOCE. Eso fue lo que se celebró transversalmente, con las manos en alto, en el acto de promulgación de la ley 20370. El precio del «gran acuerdo» fue que se trató de una derogación puramente formal de la LOCE: las características cuestionadas del sistema educacional no fueron modificadas. La LGE nació así, neutralizada.

La ley 19884 sobre transparencia, límite y control del gasto electoral

También la ley 19884 sobre transparencia, límite y control del gasto electoral nació neutralizada.

Esta ley se refiere a una de las formas más obvias en las que el poder fáctico requiere de domesticación por el poder político. La promesa de la democracia es que la influencia política de cada ciudadano será igual. En una sociedad en la que existe propiedad privada y además en la que esta se encuentra desigualmente distribuida, eso implica dificultar todo lo que sea posible que el poder desigual de la propiedad se manifieste en el proceso político. No es necesario ser ingenuos para entender aquí el punto: para las instituciones es difícil evitar cualquier vinculación entre el poder que da la propiedad y la política, y por eso el diseño de las instituciones democráticas debe obstaculizar la transformación de poder económico en poder político. Esto, por cierto, es difícil, porque el poder económico busca diversas formas de transformarse en poder político.

Una forma obvia de transformación del poder económico en poder político es que quienes tienen el primero lo usan financiando políticos, con la expectativa de que cuando llegue el momento de decidir cuestiones importantes, ellos serán más sensibles a sus intereses particulares que a los intereses de los demás ciudadanos. El financiamiento de la actividad política por el poder económico es, entonces, lo que debe ser limitado de forma tal que tienda a no producir este efecto. Pero la limitación debe producirse en circunstancias en que ella es altamente improbable, porque los agentes a ambos lados tienen razones para facilitarlo: en términos individuales, para el político recibir recursos que podrá usar en su actividad política es beneficioso –y vive con el riesgo de que los otros tal vez puedan tener más recursos si no accede a los amplios recursos del poder económico–, y para el dueño de esos recursos «invertirlo» en financiamiento de la actividad política también lo es. Esto es lo que se llama una transacción «win-win», es decir, una transacción en la que ambas partes ganan, aunque la institución afectada, la democracia, pierde.

Con lo anterior, por cierto, no estamos haciendo acusaciones. Estamos simplemente describiendo el problema regulatorio que debe enfrentar una ley de control del gasto electoral y los aportes privados. La ley 19884, dictada en 2005, pretendía precisamente dificultar la transformación del poder económico en poder político por la vía de restringir el aporte privado a la política, imponiendo límites y controles, y sujetándolos a una regulación que hacía transparente el origen de los recursos recibidos por los candidatos.

Diez años después de la promulgación de la ley, se hicieron públicos casos de aportes reservados, de exceso de gasto, y en general, de una regulación que había sido ineficaz. Es decir, se hizo evidente que la ley de 2005 no cambió las prácticas de financiamiento de la política. Ahí emergió que la ley 19884 no contenía sanciones relevantes, tenía breves plazos de prescripción (transcurridos los cuales las infracciones no podían ser perseguidas), permitía aportes reservados (es decir, que el donante no fuera conocido) y fomentaba los aportes privados al permitirles beneficios tributarios. Esto último debe ser especialmente destacado, porque muestra a la ley como una burla: si de lo que se trata es de impedir que el poder económico pueda transformarse en poder político, ¿cómo puede la ley no sólo permitir, sino fomentar dicha transformación? Y dado que los aportes recibían beneficios tributarios, hay que decir que eran en parte recursos públicos. Pero ¿cómo pudo alguien alguna vez pensar que era aceptable que el dueño del dinero decidiera el partido político que es beneficiado por la entrega de recursos públicos?

El proyecto original, presentado en julio de 2001, no permitía aportes reservados ni contemplaba para los aportes políticos un régimen tributario excepcional. Un año más tarde los senadores de derecha Hernán Larraín y Rodolfo Stange introducirían dos indicaciones a la ley: una que establecía la reserva de los aportes y otra que les otorgaba beneficios tributarios (la exención del impuesto a las herencias y donaciones y su deducción como gasto necesario para producir la renta). Esto mostraba que la oposición quería llevar adelante el proyecto, pero sólo si el vínculo entre la política y las empresas era no solamente respetado, sino fomentado legalmente. Por eso, la condición para el «gran acuerdo» fue que la ley renunciara a su propio objetivo. Los términos precisos de este gran acuerdo no aparecen en la historia de la ley, pero su existencia se deja entrever. Así, por ejemplo, el senador Boeninger explicó haber

> asistido, junto con don Patricio Rojas, en representación del Partido Demócrata Cristiano, a todas las reuniones que se celebraron en La Moneda [haciendo presente que] el acuerdo político a que se llegó… referido al límite, transparencia, financiamiento y otras medidas vinculadas al gasto público electoral… constituye un paquete que, de no respetarse en su conjunto, produciría la caída del acuerdo[13].

Es decir, se trataba de un paquete completo: o se dictaba una regulación neutralizada o no se dictaba regulación alguna. En ambos casos, las relaciones entre dinero y política no serían afectadas. Advirtiendo la molestia de algunos, el ministro Insulza señaló:

> entendemos que algunos temas son más del agrado de unos que de otros. O sea, unos preferirían, probablemente, que hubiera mucho menos gasto público; otros, que los límites fueran más bajos; algunos, que la transparencia fuera mayor, y otros, que las normas que regulan la actividad del Estado en la política fueran mucho más draconianas, lo cual, entre paréntesis, tendría ciertos problemas constitucionales. Sin embargo, lo planteado en el proyecto constituye un justo equilibrio[14].

Luego de presentado dicho acuerdo a todos los diputados y senadores, el proyecto que había estado dos años trabado en el Congreso se aprobó en menos de un mes. Y he aquí el origen de la ley que hizo crisis en 2015.

Sin embargo, la neutralización no termina ahí. Debido a que el proyecto de ley era materia de ley orgánica constitucional, era necesario (es decir, *obligatorio*) que el Tribunal Constitucional realizase un control preventivo de la constitucionalidad de la ley. Y fue ese control preventivo el que finalmente terminó dejando a la ley de

---

13   Historia de la Ley 19884, en la página web de la Biblioteca del Congreso Nacional de Chile <http://bit.ly/2mmZgZy>, página 126.

14   Ibíd., página 124.

financiamiento sin fuerza obligatoria, como una mera declaración de buenas intenciones. La razón es que el Tribunal Constitucional declaró que todas las reglas que establecían sanciones eran inconstitucionales[15].

La reforma constitucional de 2005

La reforma constitucional de 2005 ilustra de modo inmejorable una de las características de la práctica política neutralizada de la Constitución de 1980: el hecho de que cuando la neutralización opera, hay incentivos políticos que llevan a que todos la nieguen. Eso legitima las reglas neutralizadas, al menos en el discurso de «los políticos». Y tiene una consecuencia que hoy observamos notoriamente: cuando las consecuencias de la neutralización se hacen inmanejables, desde el lado de la ciudadanía la neutralización aparece como una conspiración de «la clase política» porque, después de todo, todos la defendieron. La neutralización, como es obvio, impide imputar responsabilidad por los resultados políticos, que pasan a ser resentidos.

Ya hemos visto cómo aparece esta idea: cuando las insuficiencias de la ley de transparencia, límite y control del gasto electoral se hacen evidentes como resultado de los escándalos, doce años después de su dictación, los ciudadanos no podemos identificar a los responsables de que esa ley haya sido tan notoriamente insuficiente. Como fue resultado de un «gran acuerdo», y fue en su momento celebrado por todos como un notable avance, la responsabilidad es de nadie en particular; es decir, es de todos. En el caso de la reforma constitucional de 2005, esto alcanzó ribetes ridículos.

Cuando después de varios años de negociación, el «gran acuerdo» que llevaría a la reforma constitucional de 2005 estaba casi afinado, el desacuerdo sobre el sistema electoral estuvo a punto de hacer fracasar todo el esfuerzo: el gobierno de Ricardo Lagos no estaba dispuesto a dictar una «nueva constitución» con sistema binominal, y la derecha no estaba dispuesta a entregarlo. Entonces, el «gran acuerdo» consistió en «sacar» de la constitución al sistema binominal. El modo en que se hizo es un ejemplo inmejorable de la política en tiempos de neutralización, por lo que conviene explicarlo con detención.

....

15   STC rol 376-2003. Disponible en <www.tribunalconstitucional.cl>.

El sistema binominal «estaba» en la constitución (para el caso del Senado solamente) por la suma de dos reglas: primero, la que indicaba que por cada circunscripción se eligen dos senadores; segundo, la que ordenaba que los dos senadores de cada circunscripción debían ser elegidos en la misma elección (ya hemos observado que el hecho de que cada circunscripción elija dos representantes no es suficiente para que haya binominal: deben ser elegidos en la misma elección, como comentábamos usando el ejemplo del Senado norteamericano). El «gran acuerdo» que permitió la reforma de 2005 consistió en eliminar las dos reglas mencionadas del texto constitucional, que pasó a establecer solamente que el Senado se elige por circunscripciones, y que las circunscripciones corresponden, al menos, a regiones. Todo lo demás (el número de senadores a ser elegidos en cada circunscripción y el modo en que se eligen), quedó entregado a una ley orgánica constitucional (nuevo art. 49).

Como el sistema binominal formaba parte de la constitución al estar en ella las dos reglas referidas, la eliminación de estas significaba que el sistema binominal dejaba de «estar» en la constitución. Esto parece obvio. Y por eso Ricardo Lagos se permitió reclamar el mérito de haber logrado que el sistema electoral «saliera del ordenamiento constitucional».

Pero el sentido en que el sistema binominal «salió» de la constitución fue absurdamente vacío. Porque el hecho de que el sistema electoral «esté» o no en la constitución importa porque si «está» en la constitución es difícil de modificar, mientras que si «no está» puede ser reformado mediante la modificación de una ley. El artículo 45 donde «estaba» el sistema electoral era indudablemente ley constitucional, y por consiguiente difícil de modificar: para lograrlo, conforme a lo dispuesto en el artículo 116 (original), era necesario el voto de 3/5 de los senadores y diputados en ejercicio. Al «sacar» el sistema electoral del texto constitucional, este quedó en la ley orgánica constitucional de votaciones populares y escrutinios, que siguió conteniendo las dos reglas que definen el sistema binominal: que cada circunscripción elegía dos senadores, y que ambos se elegían en la misma elección. El sistema binominal entonces, «salió» de la constitución y «quedó» en la ley 18700. Pero el precio para «sacarlo» fue introducir a la constitución una nueva disposición transitoria, la 13ª, que señala:

Las modificaciones a la Ley Orgánica Constitucional sobre Votaciones Populares y Escrutinios que digan relación con el número de senadores y diputados, las circunscripciones y distritos existentes, y el sistema electoral vigente, requerirán del voto conforme de las tres quintas partes de los diputados y senadores en ejercicio (inciso 2°).

Y en este punto todo el discurso de «sacar» al binominal de la constitución se revela como una tomadura de pelo, porque «lo sacado» no cambió absolutamente nada: el sistema electoral siguió estando sujeto a un quórum constitucional de 3/5. El efecto de «sacar» al binominal de la constitución fue, primero, subir el quórum de reforma del sistema electoral para la Cámara de Diputados, de 4/7 a 3/5; y, segundo, que desde el 2005 la derecha pudo decir que el binominal ya no estaba en la constitución, de lo que podría desde entonces deducirse que ella ya no era una Carta tramposa.

Nótese lo que estamos tratando de explicar. El problema era, originalmente, que la Concertación quería eliminar el sistema binominal y la derecha quería mantenerlo. Como la derecha tenía (y tiene) veto, el sistema binominal no puede ser modificado. Como no puede ser modificado el sistema binominal, la Concertación debió cambiar de objetivo: al menos que el sistema binominal saliera de la constitución, para que al menos el veto de la derecha fuese menos decisivo en el futuro. Pero ¿por qué razón la derecha aceptaría renunciar a su veto, o debilitar la posibilidad de usarlo en el futuro? La respuesta es: ninguna, y por consiguiente el veto continuará. Lo sorprendente es que en estas circunstancias la oferta de la derecha fue mantener el sistema binominal y mantener su veto sobre él, pero esconderlo en una ley orgánica constitucional y «sacarlo» de la constitución. Y en vez de rechazar airadamente esta oferta, que no va en la dirección correcta sino precisamente en la contraria (un veto escondido en una ley es más fácil de mantener y de usar que uno abierto en la constitución), ¡la Concertación la acepta y la celebra como una gran victoria!

¿Qué ocurrió aquí? ¿Por qué presentar, como lo hizo Lagos, una derrota como victoria, facilitando así la defensa posterior de la constitución tramposa? Parte de la respuesta a esta pregunta está, como antes, en consideraciones de *realpolitik*. El gobierno de Lagos necesitaba mostrar la reforma constitucional como un triunfo. Así, la neutralización fue ocultándose, fue pasando, como explicaremos en la segunda parte, de las reglas constitucionales a la cultura política.

Pero siempre hubo una clara asimetría. Porque si el gobierno de Lagos estaba dispuesto a celebrar con entusiasmo una victoria totalmente vacía, la derecha siempre supo qué era lo importante y qué era de segundo orden. Con la promulgación de la reforma de 2005 había logrado lo que buscaba: mantener y mejorar la trampa del sistema binominal por la vía de esconderla. Ahora la derecha podía decir, cada vez que se hablara de la trampa del sistema binominal en la constitución, que no había tal trampa, porque, como todos saben, el sistema binominal ya no está en la constitución. Como por lo demás lo ha hecho cada vez que ha podido

Lo dijo el senador Andrés Chadwick, cuando el gobierno presentó la propuesta de remover la disposición sobre el sistema electoral:

En el fondo, el tema está relacionado con los quórum, materia que es de naturaleza política: uno podría contestar: «si la diferencia de quórum da lo mismo, porque no se va a obtener 4/7 ni 3/5, *entonces dejémoslo en 3/5*» (...). La Alianza por Chile quiere impulsar modificaciones a la constitución, pero no está considerando cambiar el sistema binominal *ni bajar el quórum que facilite ese cambio en el futuro*[16].

Como se observa, la derecha tenía (y tiene) absoluta consciencia de lo importantes que son las trampas. Por eso se opuso a la reforma al sistema binominal y por eso no quiso perder su poder de veto: «[La Alianza] *no está considerando cambiar el sistema binominal ni bajar el quórum que facilite ese cambio en el futuro*».

La Jornada Escolar Completa (JEC)

La tramitación de la ley 19979 de 2004, que modificaba el régimen de jornada escolar completa, debió haber dejado totalmente en claro que el Tribunal Constitucional es la última trampa diseñada para neutralizar la acción política institucional desplegada en el Congreso. Es, de hecho, el lugar donde se deciden las cuestiones políticamente centrales. Y lo hace escondiendo, bajo el manto de

---

16   Historia de la Ley 20050, en la página web de la Biblioteca del Congreso Nacional de Chile <http://bit.ly/2kpQqWQ>, página 430.

su aura de imparcialidad, el carácter político de sus decisiones. Durante la tramitación de esta ley los diputados y senadores de derecha activaron esta última trampa ¡no una, sino tres veces!

Lo que no podían ganar en el Congreso, los diputados y senadores de derecha decidieron llevarlo al Tribunal Constitucional, que, por el método de designación, en ese entonces estaba absolutamente controlado por ellos. Por esta razón, el diputado José Antonio Kast no tuvo problemas con señalar:

En verdad, lo único que hace el proyecto es cercenar la libertad de las personas. Ahora, ¿por qué recurrimos al Tribunal Constitucional? Porque el proyecto instaura la JEC en forma obligatoria; los padres ya no podrán elegir un sistema distinto[17].

La primera impugnación (Rol 410), presentada por un conjunto de diputados de derecha, controvertía un sinnúmero de cuestiones sustantivas que pretendían proteger a los estudiantes más vulnerables por la vía de imponer condiciones más exigentes a los establecimientos educacionales a la hora de impetrar la subvención educacional. Alegaban, por supuesto, que estas mayores exigencias afectaban la libertad de enseñanza. El Tribunal Constitucional acogió parcialmente la impugnación, declarando, por ejemplo, la inconstitucionalidad de una disposición que imponía a los establecimientos educacionales como requisito para impetrar la subvención la obligación de que sus procesos fueran objetivos y transparentes. El Tribunal Constitucional señaló que se trataba de una disposición que era materia de ley orgánica constitucional, ampliando de esta forma el ámbito de las leyes orgánicas constitucionales y con eso la relevancia de esa trampa. También declaró inconstitucional una disposición que buscaba prohibir a los establecimientos educacionales subvencionados no renovar la matrícula de los alumnos que en el año anterior hubieran incumplido sus compromisos económicos, salvo que existiera deuda pendiente al momento de renovación de la matrícula. La regla, por cierto, sólo prohibía una forma particular de autotutela –la de no renovar la matrícula–, pero no toda forma de exigir el cumplimiento

17   Historia de la Ley 19979, en la página web de la Biblioteca del Congreso Nacional de Chile <http://bit.ly/2m81LOS>, p. 951.

del contrato. Alegar que los establecimientos subvencionados tienen derecho constitucional a cancelar la matrícula de los que no pagan financiamiento compartido es manifiestamente absurdo (o quizás sólo obviamente partisano). Adicionalmente, en esta sentencia el Tribunal Constitucional, aunque rechazó otras alegaciones de la derecha, hizo una declaración (sin justificación alguna, por cierto) que sería importante más adelante: declaró que los establecimientos educacionales tenían un *derecho constitucional a la subvención* que el Estado debía respetar sin condiciones.

La segunda impugnación (Rol 413), presentada esta vez por un grupo de senadores de derecha, fue acogida totalmente por el Tribunal Constitucional, quien declaró inconstitucional una disposición que tenía por objeto que todos los directores de establecimientos educacionales del sector municipal obtuvieran su cargo a través de concurso público (no deja de ser pintoresco que los mismos senadores que se quejan de la estabilidad que el estatuto docente daba a los profesores, y que celebraron cuando en 2011 se autorizó a los directores para despedir hasta el 5% de sus profesores por desempeño deficitario[18], hayan reclamado que la ley no podía exigir el concurso y re-concurso a los directores de establecimientos municipales, porque éstos tenían ¡*derecho de propiedad* sobre sus cargos!).

La tercera y última impugnación (Rol 423), presentada por un grupo de diputados de derecha, también fue acogida completamente. El Tribunal Constitucional decidió que era inconstitucional la disposición que establecía la acreditación obligatoria para los directores de establecimientos educacionales del sector municipal y la que delegaba facultades legislativas en el Presidente de la República para que estableciera las normas necesarias que regularan dicho proceso de acreditación. Nada novedoso: el Tribunal Constitucional nuevamente utilizó la libertad de enseñanza como barrera de cortafuegos frente a reglas que pretendían mejorar la calidad de la educación municipal (aquí, sin embargo, llegó al absurdo de afirmar que los establecimientos municipales, dependientes de los municipios, que son órganos públicos, tenían derecho a la libertad de enseñanza. Sostener que órganos públicos como las municipalidades tienen derechos fundamentales

---

[18] Véase el artículo 1 de la Ley 20501 de calidad y equidad en la educación <http://bit. ly/2IODVo9>.

es, desde luego, una afirmación por la cual un estudiante de derecho constitucional merecería sin duda ser reprobado).

Como se puede observar, el control preventivo del Tribunal Constitucional fue la trampa que la derecha utilizó en tres ocasiones para neutralizar reformas que el gobierno de Ricardo Lagos pretendía llevar a cabo para fortalecer la educación escolar.

El proyecto de modernización de las relaciones laborales

La declaración de inconstitucionalidad en 2016 de parte del proyecto de ley que modernizaba el sistema de relaciones laborales muestra, de forma conspicua, la eficacia neutralizadora del control preventivo del Tribunal Constitucional. Como en materias laborales no opera la trampa de las leyes orgánicas constitucionales, el Tribunal Constitucional se presenta como el arma neutralizadora más relevante para proteger el modelo de relaciones laborales («Plan Laboral») establecido por la dictadura a fines de los setenta (a través de los DL 2200, 2756 y 2758, cuyo contenido terminaría siendo parte central del Código del Trabajo hoy vigente). Ahora, si bien este libro no es sobre las instituciones neoliberales que tenemos sino que sobre la neutralización de la política, vale la pena explicar brevemente el contexto de la reforma laboral contenida en el proyecto. Parte central del Plan Laboral era debilitar la capacidad de negociación colectiva de los trabajadores para mermar, de ese modo, su poder. Para esto, las reglas del Código del Trabajo (i) desincentivaban la sindicalización de los trabajadores, permitiendo la negociación colectiva fuera del sindicato; (ii) sobre-regulaban la negociación colectiva y la limitaban a la relación intra-empresa, y (iii) hacían ineficaz la huelga, permitiendo el reemplazo de trabajadores.

Es importante notar que el modo en que las reglas operan depende del sistema completo. Por eso, cuando cada regla es discutida, siempre es posible buscar otros países y mostrar que la regla en cuestión existe también ahí. Por ejemplo, en algunos países no hay titularidad sindical, en otros no hay prohibición legal de reemplazo, etc. Ninguna de estas cosas puede ser considerada aisladamente: en otros países hay, a veces, sindicato único, o sindicato más representativo, o negociación por rama de actividad, etc. Es la suma de aspectos como (a) negociación en la empresa (sin negociación por rama de actividad) más (b) autorización del reemplazo, más (c) falta de titularidad sindical, más (d) extensión de beneficios a discreción del empleador, lo que configura un contexto en que el poder colectivo de los trabajadores está notoriamente debilitada.

Parte importante de lo que pretendía la reforma laboral que terminaría en la ley 20940 era fortalecer la agencia colectiva de los trabajadores, para así mejorar su poder negociador ante el empleador en la determinación de sus condiciones laborales. Después de catorce meses de ardua discusión en el Congreso, y pese al rechazo rotundo y en bloque de la derecha, se aprobó con varias modificaciones el proyecto de ley en cuestión. Sin embargo, la derecha, incapaz de triunfar en el Congreso para mantener el modelo actual de relaciones laborales, recurrió al Tribunal Constitucional impugnando los aspectos nucleares del proyecto, entre los cuales los más relevantes eran el conjunto de reglas sobre titularidad sindical y sobre ampliación de beneficios a los trabajadores que después de la negociación se afiliaran al sindicato.

La idea de este conjunto de reglas era situar al sindicato como el sujeto principal de la negociación colectiva, con el objeto de incentivar la sindicalización, robustecer los sindicatos y, como consecuencia de lo anterior, fortalecer el poder de los trabajadores en la negociación colectiva. Para la derecha eso afectaba

la libre afiliación de los trabajadores a un sindicato, pues para negociar colectivamente con su empleador –a través del procedimiento reglado– deberán afiliarse coactivamente a éste, de lo contrario no podrán ejercer su derecho y deberán permanecer bajo presión en él, porque de otro modo quedarán sin derecho a mejorar sus condiciones laborales[19].

La derecha (y el Tribunal Constitucional) argumentó que si la ley dispone que, habiendo un sindicato, la negociación colectiva debe hacerse con él, estaría entonces prohibiendo la negociación colectiva del trabajador individual. Es decir, que es necesario elegir entre reconocer la titularidad de los trabajadores o la del sindicato. Así las

....

19 Requerimiento presentado con fecha 6 de abril de 2016 ante el Tribunal Constitucional por la cuarta parte de los senadores en ejercicio para que éste declarara la inconstitucionalidad de disposiciones del proyecto de reforma laboral, página 10.

cosas, sostuvieron que la constitución opta por los trabajadores, y que la opción del proyecto por los sindicatos contravenía esa opción constitucional.

Esta manera de plantear las cosas es evidentemente incorrecta. Cuando la ley (y, de hecho, el propio texto constitucional) se refiere y regula los sindicatos, no lo hace para proteger un interés independiente y diferenciable de los trabajadores. El sindicato es la forma por la cual el poder colectivo de los trabajadores se ejerce, para que sea más eficaz. Es obvio que el derecho a negociar colectivamente, que la constitución reconoce a «los trabajadores» como un derecho fundamental, no puede ejercerse individualmente. Como su propio nombre lo indica, los trabajadores deben actuar colectivamente para ejercerlo. La cuestión, entonces, es si la ley puede establecer y fortalecer una determinada forma de organización colectiva, la que en Chile y el mundo es la forma habitual de asociación de los trabajadores, con la finalidad de hacer más eficaz el derecho de los trabajadores a negociar colectivamente. La respuesta es trivialmente afirmativa. Invocar el derecho de los trabajadores a negociar colectivamente para declarar inconstitucional una ley que pretende fortalecer la negociación colectiva parece, por ello, una burla.

Por 6 votos contra 4 (6 correspondientes a los ministros identificados con la derecha, y cuatro correspondientes a los identificados con la Nueva Mayoría), el Tribunal Constitucional declaró inconstitucionales las reglas sobre titularidad sindical, haciendo irrelevantes los catorce meses de discusión pública. Una vez más el Tribunal Constitucional protegió así un aspecto clave del modelo neoliberal de la dictadura, tal como tiene que ser de acuerdo a la decisión contenida en la Constitución de 1980.

La operación solapada del tercer cerrojo

Finalmente, es importante mostrar cómo la trampa del control preventivo del Tribunal Constitucional, que hace de él una tercera cámara política, opera también solapadamente. Solapadamente porque opera por la vía de la *advertencia*: que el «asunto» sobre el que la derecha no está de acuerdo será llevado al Tribunal Constitucional. Esta advertencia, según la predicción de qué ocurrirá en el Tribunal, puede tener un alto impacto en la tramitación de un proyecto, porque para el gobierno una declaración de inconstitucionalidad tiene un alto costo. Primero, por la derrota misma, aunque en realidad es sólo una derrota política en lo que es evidentemente una tercera cámara, se presenta como si el gobierno hubiera sido sorprendido pretendiendo actuar ilícitamente. Y además implica la nulidad de las disposiciones respectivas y el consiguiente desperdicio de todo el trabajo legislativo y político necesario para aprobarlas en las dos primeras cámaras. Para evitar este riesgo, si el gobierno anticipa una tercera cámara hostil, accederá a las condiciones necesarias para evitar su intervención. Esta es la forma en que la derecha obtuvo lo que le importaba en varias ocasiones; la Concertación pagó el costo político de aprobar reformas cediendo lo más importante, y todos al final celebraban un «gran acuerdo». A continuación ilustraremos esto con algunos casos.

a) El fondo solidario del AUGE

De esta forma solapada, es decir, sin necesidad de que el asunto llegase efectivamente al Tribunal Constitucional, sino que por la vía de advertir de la *posibilidad* de llevarlo ante este tribunal, operó dicha trampa respecto a la reforma AUGE. En 2002, la propuesta original del gobierno de Ricardo Lagos incluía la creación de un fondo de compensación solidario que establecía un conjunto de subsidios cruzados en función de riesgos, que por tanto integraba de manera limitada y restringida el sistema público con el privado. La consecuencia era que parte de las cotizaciones de quienes contrataban con las Isapres tendrían que destinarse a este fondo común. Sin embargo, la derecha se opuso a este fondo solidario. Si dicho fondo solidario se aprobaba, advirtieron, llevarían el asunto al Tribunal Constitucional. El senador Espina dijo primero que

> desviar parte de la cotización a la formación del Fondo de Compensación Solidario puede adolecer también de inconstitucionalidad, en la medida en que se priva a los cotizantes de una parte de la cotización que les pertenece (... .) Anunció que se abstendría en la votación de los mismos y que parlamentarios de su sector recurrirán al Tribunal Constitucional para que dilucide estos puntos[20].

---

20 Historia de la ley 19966, en la página web de la Biblioteca del Congreso Nacional de Chile (disponible en <www.bcn.cl>), p. 330.

La derecha sabía que controlaba a la tercera cámara. Por consiguiente, el gobierno debió ceder y el fondo solidario del AUGE «se cayó» *sin nunca ser votado.*

b) La reforma tributaria de 2014

Algo similar a esto sucedió con la Reforma Tributaria que se tramitó el 2014 y que terminó en la ley 20780. Mientras se tramitaba, juristas de derecha amenazaban inconstitucionalidades. El profesor Fermandois alegaba que la reforma tributaria

> entra en severo conflicto con la esencia misma de otro derecho fundamental que no es patrimonial ni tributario: el derecho de asociación[21].

El «severo conflicto» era enteramente imaginario, porque reconocer el derecho de asociación no impide que, para ciertos efectos determinados por la ley, la asociación respectiva sea transparente a sus asociados. Decir, como alegaba Fermandois, que la renta atribuida tiene el efecto de «hacer desaparecer la identidad legal que separa a personas jurídicas de las naturales»[22] es sólo otra manifestación de un lenguaje exagerado y poco riguroso: es autoevidentemente absurdo decir que si la ley hiciera tributable la renta atribuida «desaparecería la identidad legal» que distingue a las sociedades anónimas de sus accionistas. No, no desaparecerían todas las sociedades anónimas, sino para ciertos efectos serían transparentes a sus accionistas. Pero como el Tribunal Constitucional no es un tribunal, sino la tercera cámara, lo que importa en estos casos no es que los argumentos sean correctos, sino que ellos fueran ofrecidos, con la finalidad de que la bancada mayoritaria en esa cámara pudiera decir que su decisión se basaba en una posición defendida por tales y cuales profesores. Y como la derecha tenía el control del Tribunal Constitucional, el gobierno debió ceder: la renta atribuida «se cayó» y se llegó a un «gran acuerdo».

Este ha sido el modo más común de operación de esta trampa constitucional. No mediante la intervención directa del Tribunal

---

21   «Renta atribuida y derecho de asociación», en *El Mercurio*, 26 de abril de 2014.

22   Ibíd.

Constitucional, *sino como una amenaza de llevar el asunto ante dicho tribunal*, amenaza que obliga a la mayoría a dejar que las posiciones de la derecha determinen el contenido de la ley, incluso cuando no tienen los votos, pero sí el control de la tercera cámara que es el Tribunal Constitucional.

c) La gratuidad en la ley de Presupuesto para el año 2017

Uno pensaría que es conveniente no activar la trampa del control preventivo del Tribunal Constitucional en demasía, porque es riesgoso que aparezca de manera tan evidente que no es más que una trampa que le da poder de dominación política a la derecha. Sin embargo, la derecha utiliza el control preventivo del Tribunal Constitucional cada vez que no tiene los votos en el Congreso para evitar que se aprueben reformas legales a las que se opone. Así lo ha hecho, por ejemplo, con los proyectos de ley más emblemáticos del gobierno de Bachelet (así, con los proyectos de ley del administrador provisional, de reforma al sistema binominal, de inclusión, con la glosa relativa al acceso gratuito a las instituciones de educación superior y con la reforma al sistema de relaciones laborales).

Lo que muestra que el Tribunal Constitucional es una tercera cámara es que, en teoría, el que acusa una inconstitucionalidad está acusando algo grave: está acusando al otro de violar las reglas fundamentales de la convivencia política. Pero bajo la Constitución de 1980 alegar inconstitucionalidades es simplemente una movida más dentro de las posibilidades negociadoras. Y por eso, cuando la negociación llega a término y se alcanza un «gran acuerdo», lo que antes era atacado como inconstitucional pasa a ser aceptado o incluso defendido sin que quede residuo significativo alguno de la acusación inicial. Esto muestra que esa acusación inicial no era verdadera, en el sentido de que no se trataba de acusar genuinamente una violación del pacto político fundamental, sino de mejorar las posibilidades negociadores del grupo que hacía la acusación. La negociación de la «gratuidad» de la educación superior en 2016 muestra esto tan claramente como es posible.

En efecto, durante la tramitación de la ley de Presupuesto para 2017 la derecha advirtió (o amenazó) al gobierno que recurrirían al Tribunal Constitucional si es que no modificaba la distribución de becas de gratuidad, alegando discriminación arbitraria. Sin embargo, esta vez la advertencia de la derecha de llevar la ley de Presupuesto al Tribunal Constitucional mostró, con prístina claridad, que *ellos saben* que el Tribunal Constitucional es un instrumento que les permite lograr sus fines, no un tribunal que vaya a proteger derechos que ellos genuinamente estimen vulnerados.

Según la derecha, cuatro cuestiones relativas a la glosa de gratuidad de la ley de Presupuesto para el año 2017 eran inconstitucionales porque constituían casos de «discriminación arbitraria»

(1) que los Fondos Basales se entreguen sólo a las universidades pertenecientes al Consejo de Rectores (CRUCh) y no a todas las universidades privadas;

(2) otorgar gratuidad a las universidades estatales que han obtenido sólo tres años de acreditación y no hacerlo con las universidades privadas;

(3) otorgar las llamadas Becas Bicentenario sólo a los estudiantes matriculados en las universidades del Consejo de Rectores (CRUCh) y no a los estudiantes matriculados en universidades privadas no perteneciente a él;

(4) otorgar las llamadas Becas Nuevo Milenio sólo a estudiantes matriculados en institutos profesionales y centros de formación técnica sin fines de lucro.

La advertencia de la derecha de requerir al Tribunal Constitucional es hoy completamente eficaz para que esta logre sus fines, toda vez que tiene ahí una mayoría indiscutible. En teoría, uno pensaría que para evitar que la derecha cumpliera su amenaza y la ley de Presupuesto fuera nuevamente al Tribunal Constitucional este año, el gobierno tenía que conceder los cuatro puntos que alegaba la derecha; mal que mal, ella alegaba que *cada uno de ellos constituía un acto de discriminación arbitraria*. En la realidad, no obstante, la derecha negoció con el gobierno para que este incluyera en la ley de Presupuesto la entrega de cierto número de Becas Bicentenario a estudiantes matriculados en universidades no pertenecientes al Consejo de Rectores y la extensión de las Becas Nuevo Milenio a los estudiantes matriculados en institutos profesionales y centros de formación técnica con fines de lucro. Y, pese a que la negociación sólo solucionaba las supuestas inconstitucionalidades de los casos 3 y 4 que alegaba la derecha, esta votó a favor de toda la glosa de gratuidad y decidió no recurrir al Tribunal Constitucional.

¿Y qué pasó con las discriminaciones arbitrarias alegadas en relación a los fondos basales (caso 1)? ¿Y con el diferente trato entre universidades estatales y privadas en relación a la acreditación (caso 2)? ¿Dejaron los casos 1 y 2, repentinamente, de vulnerar el derecho a la igualdad y la no-discriminación?

La posición de la derecha en relación a estos casos (1 y 2), de no sólo no recurrir al Tribunal Constitucional sino que de votar a favor de ellos, muestra que ella no creía lo que decía: no creía que se trataran de verdaderos casos de afectación de derechos fundamentales. Su actuar expresó sus creencias, las que ciertamente no eran las que declaraban a viva voz. No se trataba de discriminaciones arbitrarias sino que de imponer sus términos por todos los medios, incluso los no democráticos. Lo sucedido con la glosa de gratuidad muestra claramente que el control preventivo del Tribunal Constitucional es simplemente un instrumento de la derecha que le permite conseguir sus fines. Un instrumento, ciertamente, neutralizador de la política democrática.

De la neutralización como decisión política a la neutralización como cultura

El hecho de que los cerrojos tengan un modo solapado de operación debe llevarnos a ampliar la mirada, para que el problema real que la Constitución de 1980 causó pueda comenzar a ser apreciado.

Hasta el momento, hemos tratado la neutralización como una decisión política de quienes tuvieron, en virtud del golpe militar del 11 de septiembre de 1973, la fuerza para imponer unilateralmente sus términos. Entre los términos que ellos impusieron estuvo un modelo económico neoliberal, prácticamente único en el mundo por su unilateralidad y extremismo. Era un modelo tan unilateral y extremo que quienes lo impusieron sabían que no podía ser democráticamente legitimado: debían asegurarlo constitucionalmente. Esto es lo que puede llamarse la neutralización como decisión: la decisión política deliberada de proteger el modelo de la dictadura de ser modificado políticamente después del término de ésta. Esta neutralización como decisión es la que aquí hemos rastreado, en las reglas tramposas de la constitución vigente.

Pero una cosa es qué es lo que se pretende al neutralizar y otra cómo se neutraliza. La neutralización como decisión mira a los fines que tenían a la vista quienes pudieron imponer sus términos constitucionales. Para hacerlo fue necesario que crearan un conjunto de instituciones políticas neutralizadas, algunas de las cuales ya hemos estudiado. Pero las instituciones, como veremos en el primer capítulo de la segunda parte, no son sólo un conjunto de reglas discretas que contienen prohibiciones y permisiones de acción, en la forma de una lista de «cosas permitidas» y «cosas prohibidas». Ellas también configuran la cultura. Las instituciones políticas definen una cultura política. Y las instituciones políticas neutralizadas definen entonces una *cultura política neutralizada.* Es decir, no podemos quedarnos en la neutralización como decisión, porque eso no nos permite ver el problema que estas reglas causaron después de veinticinco años de vigencia: con el tiempo esas reglas neutralizadoras (la neutralización como decisión) crearon una cultura política neutralizada, lo que llamaremos la *neutralización como cultura política.*

Hay dos razones por las que es urgente dar este paso de la neutralización como decisión a la neutralización como cultura política. La primera es que a estas alturas sólo algunos extremistas de derecha siguen negando que la Constitución de 1980 era originalmente una constitución tramposa. Lo que los defensores de la Constitución de 1980 dicen hoy es que las trampas constitucionales ya están todas casi totalmente eliminadas, por lo que el argumento –señalan–, aun cuando puede haber sido verdad en el pasado, ya ha perdido relevancia política. ¿O no es que el sistema binominal ya fue modificado? Sin embargo, esto es insistir en que lo único relevante es la neutralización como decisión; es alegar que esa decisión se oculta en una o varias reglas constitucionales cuya remoción ya ha solucionado el problema constitucional. Esto es falso, precisamente porque la neutralización ha devenido, más de 25 años después, en cultura. Nuestro problema hoy es también la *cultura política neutralizada,* y no sólo las reglas neutralizadoras. Es la cultura política binominalizada, y no sólo el sistema binominal; es la manera de entender la relación entre política y constitución que es impuesta por el Tribunal Constitucional, y no sólo el Tribunal Constitucional; es la comprensión de la regla de mayoría que subyace al hecho de que la constitución exija casi siempre quórums contramayoritarios, y no sólo los quórums de aprobación de las leyes orgánicas constitucionales. Hoy, quedarse en la neutralización como decisión es perpetuar la neutralización.

Y perpetuar la neutralización es perpetuar la crisis de legitimación que sufre el sistema institucional chileno. Porque esa crisis no se reduce a la queja por las trampas constitucionales, sino al rechazo de la cultura política que las trampas crearon. En efecto, una cultura política neutralizada es una cultura que no está en condiciones de tomar la iniciativa, y queda entregada a merced de los poderes no políticos. Los poderes no políticos son poderes fácticos, poderes que descansan no en su legitimidad o su validación institucional, sino en el solo hecho de existir. En un país con la desigualdad y concentración del poder económico que tiene Chile esto significa que los poderes políticos neutralizados por la cultura están a merced del poder del dinero, que puede comprarlos y disponer de ellos a voluntad. Esto es manifestación del problema constitucional, aunque no sea consecuencia querida y deseada de la neutralización como decisión. Es consecuencia de que la neutralización como decisión creó una cultura política neutralizada, a la que atenderemos en la Segunda Parte. Mientras no tomemos en cuenta esta dimensión, no entenderemos la profundidad de la crisis constitucional que la nueva constitución debe enfrentar y resolver.

Segunda parte
La cultura política neutralizada, el lenguaje político invertido y la deformación de los conceptos e instituciones políticas

Introducción
Los momentos de la crisis constitucional

La dimensión con la que termina la primera parte, la de la neutralización como cultura política, es habitualmente ignorada en el debate constitucional. En efecto, ante la demanda de nueva constitución, es habitual escuchar una respuesta como la siguiente:

> Si existen reglas particulares problemáticas en la Constitución de 1980, por supuesto que podemos cambiarlas. Pero otra cosa es tirar por la borda 30 años de desarrollo institucional sin que se expresen las razones por las que ello sería necesario y se diga exactamente qué reglas hay que cambiar.

Incluso en su versión más defendible, este argumento asume que la modificación de los procedimientos de aprobación y tramitación de las leyes, del sistema electoral o del Tribunal Constitucional –la parte más obvia de las trampas de la Constitución de 1980, aunque ellas funcionan en realidad, como hemos visto, con un entramado de arreglos paralelos que le permiten desarrollar su particular eficacia neutralizadora– permitiría superar el problema constitucional. Pero esto no es así: una constitución no es sólo un texto o conjunto de textos legales, sino prácticas políticas e institucionales que se desarrollan y que determinan la configuración fundamental del poder.

En *La Constitución tramposa*, uno de nosotros sostuvo que la eliminación de las trampas constitucionales, los tres cerrojos y el metacerrojo, implicarían una nueva constitución[23]. ¿Incurre esta tesis en el error que ahora estamos comentando? Por cierto que no, lo que resulta claro cuando uno atiende a este problema política y no teóricamente. Políticamente, la eliminación total de los tres cerrojos y

---

23   Atria, F., *La Constitución tramposa*. Santiago: LOM ediciones, 2013.

el metacerrojo, a través de los mecanismos de reforma constitucional es imposible, porque el sentido de esos mecanismos es proteger la constitución. Por eso, políticamente decir que la eliminación total de los tres cerrojos y el metacerrojo es una nueva constitución es lo mismo que decir que el establecimiento de una nueva constitución es altamente improbable (=imposible) mediante el ejercicio de poderes normales de reforma, conforme a lo establecido en los artículos 128 y 129 del texto actual.

En contraste con una comprensión errada, basada en la idea de que la solución de la crisis constitucional chilena puede tener lugar por modificación de algunas reglas respecto a las cuales los actores políticos podrían llegar a un arreglo racional, necesitamos tener una mejor comprensión de qué implica y cómo es posible superar una crisis constitucional como la que hoy vive Chile. Esto requiere volver sobre la idea misma de constitución y de crisis constitucional: solo en ese nivel de reflexión fundamental es posible obtener el tipo de respuesta que necesitamos.

Como ya hemos observado, el objeto de una constitución es el poder político. Un problema constitucional, entonces, es una constitución problemática del poder. Y efectivamente, bajo la Constitución de 1980, el poder político ha adquirido en todos sus niveles un carácter problemático. Esto es la crisis constitucional. Para apreciarlo es fundamental entender que lo que originalmente era sólo («solo») una trampa motivada por la finalidad de proteger el modelo neoliberal devino, décadas después, en un problema sistémico que hoy hace crisis. En esta segunda parte del libro intentaremos mostrar que las reglas tramposas son problemáticas no sólo por ser reglas tramposas, sino porque han causado efectos constitucionales críticos que trascienden al mero hecho de la trampa. Esta segunda parte pretende concentrarse en tres de estos efectos constitutivos del problema constitucional chileno, expuestos de un modo que refleja el orden que asumió el desarrollo de la crisis.

Al describir este proceso y su desarrollo, será útil contar con una descripción breve a la cual recurrir para no perder de vista lo que nos interesa: intentamos explicar *el desarrollo de una crisis política que es consecuencia de una deformada constitución del poder.* La constitución deformada del poder se explica, originalmente, por la decisión neutralizadora, pero un cuarto de siglo después esa neutralización ha pasado a la cultura política y tiene consecuencias que se independizan de la decisión original de neutralizar. Las consecuencias que observaremos de esta constitución deformada del poder no fueron directamente queridas por quienes redactaron la constitución, pero eso no quita que sean consecuencia de lo que sí querían (una constitución tramposa).

El primer momento en el desarrollo de la crisis actual fue el paso de las reglas (las «trampas») a un *ethos*, una cultura, una práctica constitucional neutralizada. La idea es sencilla: primero hay reglas tramposas, cuya finalidad era neutralizar la política para impedir la modificación del modelo político-económico de la dictadura: artículo 8º, senadores designados, quórums de aprobación de la ley, leyes de amarre en los últimos meses de la dictadura, etc. El efecto de estas reglas tramposas es que no es posible decidir políticamente sin un «gran acuerdo» que incluya a quienes defienden el modelo político-económico de la dictadura y que, por ello, no tienen interés en cambiar ese modelo ni el arreglo político que permite controlar la posibilidad de producir alguna suerte de cambio. Esto es: la Constitución de 1980 fue concebida para darles a los defensores del statu quo derecho a veto, ya que de ese modo la finalidad neutralizadora se logra. Pero luego los actores políticos pasan a entender que el acuerdo transversal que las reglas tramposas hacen necesario no es sólo la imposición de una institucionalidad tramposa, sino la marca de una política «virtuosa». Es decir, que la necesidad de contar con el apoyo de la oposición para decidir existe incluso cuando las trampas constitucionales no se aplican. Nótese lo que ha ocurrido: la neutralización ha dejado de estar en las reglas constitucionales que contienen la trampa y pasa a estar en la cultura política, en lo que en este capítulo y los siguientes llamaremos un *ethos político neutralizado*: es el paso de la neutralización como decisión a la neutralización como cultura política. Ahora la comprensión de la política que tienen los actores más relevantes de la política institucional (lo que después y precisamente por esto pasó a llamarse «la clase política», que incluye a altos funcionarios de gobierno, parlamentarios y dirigentes de partidos políticos), hace innecesarias las reglas tramposas, porque la neutralización que esas reglas pretendían imponer a la política ya no necesita ser impuesta desde fuera: se ha asumido desde dentro. Esta práctica política deformada por un *ethos* neutralizado irradiado por la Constitución de 1980 es el primer estadio de la crisis, a ser estudiado en el Capítulo 4.

El segundo momento de esta crisis es que la cultura política neutralizada reinterpreta el lenguaje y los conceptos de la tradición democrática en clave neutralizada. Es decir, los dispositivos constitucionales permean la comprensión práctica de instituciones y conceptos que vinculan a la ciudadanía con el poder constituido, pasando a *deformar* el modo en que desde el punto de vista del ciudadano debe (incluso más: ¡puede!) ser comprendida la política democrática. Se trata de una deformación, y no sólo de una comprensión política diferente de la tradicional, porque ella, como veremos, hace inevitable la crisis de legitimación, en tanto presenta las instituciones de la democracia representativa como construidas necesariamente sobre el engaño y la falsedad. El Capítulo 5 tiene por objeto revisar esta deformación, esto es, analizar cómo la neutralización constitucional, devenida en cultura en el primer momento de la crisis, ha generado una comprensión deformada de la política democrática que hoy ya tiene su propio lenguaje y que implica, desde el punto de vista del ciudadano, que la política es necesariamente algo corrupto, inadecuado, frustrante. El punto de entrada para entender esta deformación y por qué ella es radicalmente incompatible con la política democrática es la idea de representación, que por lo demás define la peculiaridad de la forma institucional bajo la cual vivimos (la democracia «representativa»). En efecto, el lenguaje y la práctica de la representación política muestran cómo el *ethos* que ha sido el resultado de la constitución tramposa ha tenido efectos en el vínculo de la ciudadanía con el poder del Estado que sólo pueden ser entendidos como crisis constitucional.

Pero la cuestión, como veremos, va todavía más lejos, en el tercer momento de la crisis. El *ethos* neutralizado de la política profesional o la generación de una práctica deformada de la representación política son efectos de las reglas de la Constitución de 1980 que han pasado a integrarla; son parte de la constitución. Uno podría pensar, sin embargo, que desde el punto de vista de la finalidad neutralizadora de 1980 (proteger el modelo neoliberal) esto es algo que debe ser celebrado. Pero el problema constitucional es tan devastador que ni siquiera el más acérrimo defensor de la generación de un Estado neoliberal podría querer del todo la tercera clase de efectos constitucionales críticos que podemos reconocer. Este tercer estadio de problemas constitucionales críticos, a ser analizado en el Capítulo 6 de esta Segunda Parte, será denominado *generación de instituciones disfuncionales*. La tesis aquí es sencilla: la mezcla de formas constitucionales que son en sí deficientes con un contexto político marcado por la neutralización, el *ethos* neutralizado de los agentes políticos y la deformación de la práctica política en la ciudadanía, ha producido que instituciones cruciales en cualquier Estado demuestren crecientemente ser disfuncionales. Este es el caso, como veremos, de la función de gobierno del Estado y de la práctica legislativa.

El clímax de la configuración de instituciones disfuncionales se encuentra, sin embargo, en un ámbito que si bien tiende a ser reconocido por los Estados modernos, es en sí problemático: la jurisdicción constitucional. Como veremos, la Constitución de 1980 ha creado algo que sin exageración puede ser denominado la peor jurisdicción constitucional posible. Lo peculiar de las disfuncionalidades de este tercer momento es que, aunque su origen está inicialmente en las trampas constitucionales, su disfuncionalidad es mucho más radical, porque afecta a todos los poderes del Estado. En efecto, implica (a) un poder ejecutivo incapaz de realizar un programa, (b) un poder legislativo que no puede identificar y solucionar adecuadamente problemas públicos, y (c) un poder judicial cuya independencia del poder político está crecientemente en peligro.

Capítulo 4
El *ethos* neutralizador y
la práctica política neutralizada

Introducción

Las reglas neutralizadoras impiden decidir sobre cuestiones fundamentales sin el concurso de la derecha. Pero la experiencia nos muestra que la neutralización llega mucho más allá de las reglas neutralizadoras: incluso cuando es posible la acción política no neutralizada, los actores políticos actúan como si estuvieran neutralizados. Los ejemplos, como veremos, son múltiples. El caso que se encuentra más fresco en la memoria tal vez se refiere a la pretensión de modificar nuestro régimen tributario: la Nueva Mayoría podía realizar una reforma tributaria con votos propios, pero se obligó a sí misma a negociar (en la «cocina») una reforma que fuera aceptada sin más por la derecha. Como veremos con más detalle respecto de este y otros casos, este modo de proceder es especialmente habitual y notorio en la práctica política chilena.

¿Qué explica esta neutralización más allá de las reglas? ¿Qué explica la compulsión por alcanzar acuerdos, de modo tal de no afectar intereses especiales, incluso en los casos en que el sistema institucional no requiere de dicho acuerdo? Sin entender esta dimensión del asunto no se puede comenzar a apreciar la profundidad del problema constitucional.

Ya hemos indicado la forma genérica de la respuesta: la neutralización ha pasado de las reglas a la cultura. Es decir, la neutralización ha devenido parte del *ethos* colectivo con que la acción política se entiende por parte de la llamada «clase política»; la participación constante de la «clase política» en una práctica constituida por reglas neutralizadas, ha pasado así a definir su autocomprensión. Esto es lo que podemos denominar la constitución de un *ethos* neutralizado como reflejo de las reglas neutralizadoras de la práctica en cuestión[24].

Conceptualmente, no hay nada misterioso o difícil de explicar en esto, en el hecho de que la neutralización haya pasado de las reglas tramposas al *ethos* político de la transición. En el sentido en que estamos usando el término, un *ethos* es un conjunto de representaciones morales, disposiciones y actitudes que dan forma a una práctica y que opera por la vía de definir qué acciones son apropiadas o inapropiadas, correctas o incorrectas, virtuosas o viciosas dentro de esa práctica. Que hoy sea posible hablar de un *ethos* neoliberal quiere decir que la neutralización que la Constitución de 1980 crea ha pasado a ser asumida, después de más de dos décadas, como una característica virtuosa y madura de una política democrática. Las acciones consideradas virtuosas o correctas son aquellas que tienden a respetar los márgenes de «estabilidad» y «amistad cívica» de la política, conceptos que son a su vez definidos a partir de lo que la neutralización requiere. Así, estabilidad y amistad cívica pasan a ser entendidos como condiciones de la política cuando es «democrática», «responsable», «seria», etc. El sentido de estas exigencias de responsabilidad, seriedad y amistad cívica del *ethos* binominal es que las decisiones deben ser acordadas por todos los sectores políticos, incluso cuando dicho acuerdo no es necesario, y tomarlo sólo es posible por la vía de deformar la voluntad política original; la sola idea de decidir algo importante mediante una votación dividida en que gana el que obtiene un voto más es visto como algo necesariamente impropio, como «imponer» posiciones, «pasar la aplanadora», algo

---

24 Que el efecto de una constitución no se reduce a las órdenes, permisos y prohibiciones que contienen sus reglas es algo indiscutido. El profesor de derecho constitucional de la Pontificia Universidad Católica, José Luis Cea (libre de toda sospecha de ser consciente del problema constitucional), cree que precisamente puede decirse de la Constitución de 1980 que se ha «enraizado en un *ethos* colectivo»: en efecto, dice, ella «se está aplicando ciento por ciento, está siendo vivida en la práctica, por ejemplo, a través de los cientos de miles de recursos de protección que se presentan en los tribunales. Se ha ido enraizando en el *ethos* colectivo, y ha permitido un desarrollo socioeconómico notable y, antes, una transición ejemplar» (*El Mercurio*, Reportajes, domingo 18 de octubre de 2015). Cea, por cierto, no apunta al *ethos* neutralizador que la Constitución de 1980 ha generado, sino al *ethos* económico neoliberal que ha forjado (que, desde el punto de vista de Cea, debe ser bienvenido). Pero Cea muestra correctamente el punto al que apuntamos: que lo que originalmente eran (solo) reglas jurídicas se han «enraizado» en la práctica.

que «crispa» la situación política. Así, negociar hasta que la acción o decisión de que se trate sea aceptable para todos (es decir: hasta que ella no afecte seriamente los intereses de nadie que tenga algo de poder) es entendido como la marca de la acción política virtuosa. Se la llama «republicana».

El reflejo de las reglas en el *ethos* colectivo

Comencemos volviendo a dar cuenta de la existencia de un vínculo entre regulación constitucional, práctica política y *ethos* colectivo. La existencia de vínculos de esta clase es, en realidad, difícil de negar. Las reglas suponen no sólo la posibilidad de identificar acciones que las transgreden o realizan, sino reflejan modos típicos y atípicos de comportamiento, acciones o reacciones normales y anormales desde el punto de vista de la práctica en la que estas acciones se insertan. Todo esto contribuye a definir qué cuenta socialmente no sólo como lícito o ilícito, sino también como normal o anormal incluso más allá de las disposiciones concretas que las reglas contienen.

Las definiciones sociales que se generan a partir de las reglas tienen un alcance mucho mayor que el de las reglas de las que surgen. De hecho, normalmente el éxito de una reforma legislativa no radica en que ella llegue a ser aprobada, sino en que logre un efecto más allá de sus propios términos. Considérese el caso de la regla que obliga a los partidos políticos a equilibrar, en materia de género, la presentación de candidaturas («ni los candidatos hombres ni las candidatas mujeres podrán superar el sesenta por ciento del total respectivo», conforme al art. 3 bis de la ley 18700, insertado en ella por la ley 20840). Esta es una regla que regirá sólo hasta 2029 (art. 23 transitorio de la ley 18700). ¿Por qué solo durante cuatro elecciones parlamentarias? La respuesta es obvia: porque se espera que la mayor participación femenina que esta regla generará en ambas cámaras llevará a equiparar de hecho las condiciones de hombres y mujeres, de modo que después de 2029 ya no será necesaria una regla como la comentada. Es decir, el sentido de la regla no es reducible a aumentar el número de mujeres en el Congreso en las próximas cuatro elecciones, sino contribuir al desarrollo de una práctica política que abra espacios de participación a las mujeres en la política. Que el sentido de la regla no puede reducirse a aumentar el número de mujeres parlamentarias queda demostrado por el hecho de que esa legislación habrá sido un fracaso si lograra aumentar el número de mujeres elegidas en 2017, 2021, 2025 y 2029, pero que luego de ese último año dicho número volviera a caer a las cifras actuales.

La práctica política (auto)neutralizada

La constitución original de una práctica política neutralizada (por las trampas) resultó ser extraordinariamente eficaz. La facilidad y radicalidad de este tránsito reclama una explicación, y algo diremos al respecto cuando sea oportuno. Lo que ahora importa es notar que cualquier programa político que fuera algo más allá que la administración del statu quo se encontraba con una resistencia aparentemente paradójica, que provenía desde la misma Concertación. Este es el *ethos* neutralizado en acción: el supuesto fundamental de que es políticamente impropio, irresponsable y un atentado a la «amistad cívica» realizar cambios significativos sin el acuerdo de aquellos cuyos intereses (políticos o patrimoniales) resultan afectados. Como todo cambio significativo por definición afectará intereses (políticos o patrimoniales), es enteramente indispensable, para entender nuestra situación, notar que la formulación anterior es idéntica en significado a la siguiente: es impropio, irresponsable y un atentado a la «amistad cívica» realizar cambios significativos.

Este *ethos* neutralizado puede ser observado en la constante búsqueda de «acuerdos transversales» o «consensos» y en el reclamo de que avanzar sin acuerdos (cuando las condiciones políticas permiten hacerlo) es «pasar la aplanadora». El uso de esta metáfora aquí tiene la finalidad precisa de invocar el *ethos* neutralizado sin verse obligado a ofrecer un argumento, porque si fuera necesario ofrecer un argumento, su incompatibilidad con el principio democrático sería evidente. Así, reformas sustantivas y relevantes que no requieren contar para su aprobación con los votos de la derecha son, o bien tramitadas buscando «acuerdos» o bien postergadas en vista de que este no existirá.

Como lo que queremos mostrar es que esto es un efecto adicional de las trampas constitucionales, los mejores ejemplos que muestran nuestra situación son precisamente los que no se refieren a la defensa o reforma de aspectos importantes del modelo neoliberal. De ese modo explicaremos no sólo lo que (no) pasó durante los primeros veinte años de la Concertación, sino también el destino del gobierno de la Nueva Mayoría.

La neutralización durante los gobiernos de la Concertación

Durante sus gobiernos, suele decirse que el déficit de iniciativa legislativa en materia tributaria y en negociación colectiva no fue consecuencia directa de las reglas neutralizadoras, ya que ambas materias pueden ser reguladas por ley simple[25]. Esto no debe ser exagerado: después de todo, el hecho de que el Senado estuvo intervenido hasta 2005 por los senadores eufemísticamente denominados «institucionales» implicó que la derecha tuvo hasta ese año, y con algunas excepciones puntuales producto de procesos de desafuero, mayoría en el Senado. Pero esto no explica todo. Parte de la explicación ya estaba en el *ethos* político neutralizado.

Pero también en ámbitos en que sí se produjeron reformas durante el gobierno de la Concertación es fácil de reconocer el *ethos* neutralizado de sus dirigentes. El más claro ejemplo es el de la denominada ley de divorcio. En mayo de 2004 se dictó la ley 19947, de matrimonio civil, que introdujo por primera vez en el derecho chileno la posibilidad de divorcio vincular. Esta ley demoró casi diez años en ser aprobada desde que ingresó al Congreso, pese a que se trataba de una reforma urgente que desde hacía décadas se había hecho sentir, en circunstancias de que la ausencia de una regulación de esta clase era hace décadas enteramente anómala en la experiencia internacional. La demora no se debió aquí a que la Constitución de 1980 exigiese altos quórums de aprobación ni mucho menos. No se trataba, así, de una materia constitucionalmente neutralizada por reglas. La ley de divorcio suponía

---

25   Esta afirmación debe ser calificada con lo que muestran los hechos que ya han sido mencionados: parte de la explicación del «gran acuerdo» al que se llegó para la reforma tributaria está en la tesis, defendida por la derecha, de que tributar por renta atribuida era inconstitucional; el caso de la reforma laboral muestra, por otro lado, que el sólo hecho de que no sea aplicable el cerrojo de los quórums no quiere decir que no se aplica cerrojo alguno. Pero, a pesar de todo esto, es claro que en muchos casos la neutralización provino de adentro de la Concertación, no de los cerrojos. Un buen ejemplo, quizás, es toda la dificultad que hubo para aprobar en el Congreso la reforma laboral que terminaría en la ley 20940, antes de que ella fuera neutralizada por el Tribunal Constitucional.

una reforma al Código Civil, el texto legal que regulaba los detalles del matrimonio y que contenía la regla de su indisolubilidad; esta reforma requería sólo mayoría simple para su aprobación. El proyecto de ley de matrimonio civil fue presentado el 28 de noviembre de 1995. Cuando ingresó a la Cámara de Diputados y fue votado en general el 23 de enero de 1997, obtuvo 53 votos a favor, 40 en contra, y ninguna abstención. Es decir, fue aprobado en general con una votación que expresaba que se contaba con la mayoría que se requería para su aprobación. Sin embargo, el *ethos* neutralizado ya estaba operando. Pese a estas mayorías, la ley no fue dictada mientras contaba con la oposición de la derecha, por lo que para dictarla fue necesario que la derecha llegara por sus propios medios a la conclusión de que era necesario introducir el divorcio vincular a la legislación chilena. Eso se lograría solo siete años después de la primera votación: en 2004 el proyecto se aprobó (en la votación final, en la Cámara de Diputados) con votaciones que iban entre los 70 y 90 votos a favor (de un total de 120 diputados en ejercicio), dependiendo del artículo respectivo.

El *ethos* neutralizado impulsó así a la coalición de centro-izquierda (que en esta materia no estaba dividida: la Democracia Cristiana apoyaba el proyecto e incluso lo promovía) a esperar que la derecha apoyara el proyecto. Esto era más importante que el hecho de que se trataba de una reforma cuya necesidad era evidente desde mucho antes de que se realizara y que contaba con el apoyo de la mayor parte de la población[26].

---

[26] Una prueba irrefutable de la necesidad de dicha reforma es que hoy es difícil entender la oposición que la derecha mostró a dicho proyecto. Hoy no hay nadie que seriamente quisiera eliminar el divorcio vincular. De hecho, la propia UDI, que se opuso al divorcio tanto como era posible, no sólo eligió inicialmente como candidato presidencial en 2013 a alguien que se había divorciado y había contraído matrimonio por segunda vez, sino que adicionalmente consideró que ese era un punto que debía ser destacado especialmente en su propaganda. «Es posible», proclamaba orgullosa en un video de campaña de Laurence Golborne, «volver a casarse, construir una nueva familia, y mantener la armonía entre ambas» (disponible en youtube.com, #esposible). Sin duda quedarán, en algunos lugares, personas que todavía creen que sería mejor que el matrimonio sea legalmente indisoluble (con todo lo que ello implica), pero hoy esas posiciones carecen totalmente de relevancia política.

El destino de la Nueva Mayoría

Podría pensarse, tal vez, que la principal diferencia entre la Concertación y la Nueva Mayoría es el hecho de que la primera se desarrolló junto con el *ethos* neutralizado que, en parte, la caracterizó, mientras que la segunda pretendía romper con este *ethos*. La experiencia a su respecto muestra, sin embargo, dos cosas: (i) que las pretensiones de reforma de la Nueva Mayoría fueron sentidas como un atentado contra la cultura política chilena precisamente por su disposición anunciada a impugnar la neutralización, y avanzar entonces sin esperar el acuerdo de la oposición, y (ii) que este intento de impugnación del *ethos* neutralizado resultó, a la postre, frustrado.

Con esto último no estamos acusando a nadie. Precisamente, estamos mostrando que con independencia de los juicios individuales de reproche que haya que hacer a este o aquel ministro, parlamentario o presidente, el problema hoy es el *ethos* de la política chilena en general. Incluso un proyecto político como el contenido en el programa de la Nueva Mayoría con el que fue elegida Presidenta de la República Michelle Bachelet en 2013, que (a) surge con la pretensión explícita de impugnar la neutralización, (b) es consciente del hecho de haber sido ya neutralizado una vez (durante el primer gobierno de Bachelet), (c) cuenta con el 60% de apoyo ciudadano no en encuestas sino en elecciones, y (d) tiene mayoría en ambas cámaras; incluso ese proyecto político se ve obligado a someterse a la neutralización.

La mejor y más temprana demostración de esto fue la reforma tributaria, tramitada en 2014 y aprobada el mismo año mediante la dictación de la ley 20780. En su origen, el proceso de reforma en cuestión pretendía aumentar la carga tributaria para financiar con ingresos permanentes los gastos permanentes de la reforma educacional, avanzar en equidad tributaria y generar medidas que disminuyeran la evasión y la elusión que se habían hecho endémicos en el sistema tributario chileno. Dicha reforma no estaba sujeta directamente a las reglas neutralizadoras de la Constitución de 1980, ya que su aprobación requería de una mayoría simple. Con ello, la Nueva Mayoría estaba en condiciones de aprobar el proyecto sin necesidad de negociar o ser forzada a hacer concesiones a la derecha.

Por supuesto, se trataba de un proyecto que afectaba por su índole misma el patrimonio de algunos gremios y de los ciudadanos más ricos, por lo que predeciblemente resultó ser polémico y causó considerable controversia en la opinión pública. Sin embargo, logró ser aprobado en la Cámara de Diputados, pese a la oposición total de la derecha, que en bloque votó en contra de cada una de las reglas que el proyecto contenía. En el Senado, no obstante, el *ethos* neutralizado se hizo irresistible, dando paso al famoso «Protocolo de Acuerdo» pactado (en la «cocina») entre el gobierno, los senadores de la Nueva Mayoría y la derecha. Con este protocolo, la reforma fue modificada de modo radical. Seguramente, quienes gestaron el protocolo alegarían que la reforma contenía errores técnicos que hacían necesaria su modificación. Pero hay mucho de cinismo en esto: la necesidad de solucionar problemas técnicos fue más bien la excusa para que los gremios y la derecha participaran de la confección de una reforma (y luego de una reforma a la reforma) para asegurar que ella afectaría sus intereses sólo en una medida aceptable para ella. El ministro de Hacienda de entonces observó que:

> así como recientemente se alcanzó un acuerdo con los trabajadores y la CUT en el ingreso mínimo mensual, ahora logran un acuerdo histórico, por su unanimidad, en torno a la reforma tributaria, dando, de paso, una buena señal para las expectativas del mercado y la economía[27].

De esta forma, el *ethos* neutralizado operó impulsando la búsqueda de un acuerdo con la derecha que no se necesitaba para la aprobación del proyecto. Las declaraciones del ministro de Hacienda de la época muestran que fue el *ethos* y no el constreñimiento directo de las reglas neutralizadoras, que fue la poca conciencia de la neutralización de quienes pactaban, lo que operó: el acuerdo no era una derrota, tampoco un mal necesario para alcanzar la aprobación del proyecto sin «intranquilizar» a los inversores, sino un motivo para celebrar. Y ello tuvo efectos que no fueron menores. Las pretensiones de la idea misma de una reforma tributaria se vieron por ello en buena medida traicionadas. Así, por ejemplo, la complejidad tributaria,

---

27   Historia de la ley 20780 (disponible en <www.bcn.cl>), p. 1697.

como elemento central en la posibilidad de eludir el cumplimiento de la ley, no disminuyó sino que aumentó.

El caso del reajuste en los precios base de los planes de salud en las Isapres

En el Capítulo 1 ya habíamos anunciado que la situación de las instituciones prestadoras de seguros de salud privado –las Isapres– tiene una relevancia particular en la explicación del problema constitucional. Su relevancia se debe al hecho de que varios de los problemas ligados al sistema de seguros de salud privados han alcanzado una dimensión institucional y, pese a ello, el poder político no ha intervenido de modo tal de proveer soluciones. Entender esto requiere dar un pequeño vistazo a la historia de la regulación.

En el año 2002, el gobierno del presidente Lagos presentó un proyecto de reforma de la ley 18933 de Isapres, cuyo objeto era limitar el impacto que en ciertos usuarios producían los cambios en los precios de los planes. Ese proyecto derivó en la dictación de la ley 20015 de 2005, que, en lo esencial, constituye al sistema en su estado actual. En lo que nos interesa ahora, hasta el 2004 los reajustes en los precios de los planes de las Isapres tenían lugar por «acuerdo» entre las partes: el artículo 38 autorizaba a las Isapres a «revisar» anualmente el precio de cada plan y «proponer» ajustes en los precios de los planes, debiendo estos ser generales y no tomar en cuenta circunstancias particulares de salud o edad del afiliado. Frente a esta revisión, el afiliado tenía derecho a rechazar el cambio y solicitar que se le ofreciera un nuevo plan o cambiarse de Isapre, todo lo cual se suponía debía controlar las alzas de precios por vía de la competencia. El problema era que la posibilidad de rechazo por cambio de plan o Isapre se veía limitada porque en la oferta de las alternativas el precio sí podía depender de la condición de salud del afiliado en cuestión. La ley operaba, por ello, por medio de una modificación que se suponía seguía la lógica de los contratos –los contratantes sólo pueden cambiar las condiciones del contrato de mutuo acuerdo–, pero entendía que había acuerdo del afiliado cuando este no se cambiaba de Isapre. En los hechos, sin embargo, el afiliado que ahora sufría alguna enfermedad no tenía otra alternativa. Es decir, en los hechos, el alza no era pactada, sino una imposición unilateral.

La ley 20015 decidió sincerar el sistema: los problemas se habrían producido por asumir una lógica solo aparente de derecho normal de contratos, cuando la facultad del artículo 38 de la ley 18933 –la facultad de «revisar» los precios de los planes base– en realidad operaba como modificación unilateral. Su objetivo no era gatillar una negociación entre las partes, sino permitir a las Isapres reajustar sus ingresos frente a las alzas de sus costos por causa del encarecimiento de la medicina. Con ello, y por medio de una regulación de estas facultades, el gobierno pretendía hacer frente a la situación de los cotizantes cautivos (=cotizantes respecto a los cuales la superveniencia de una enfermedad importante imposibilita o hace demasiado gravoso cualquier cambio de plan). Así, los artículos 38 y 38bis de la nueva versión de la ley 18933 reconocían explícitamente la facultad de modificación unilateral de los precios bases de los planes contenidos en los contratos de salud.

Sin embargo, el ejercicio de esta facultad ha sido sistemáticamente declarada inconstitucional por las cortes de apelaciones y por la Corte Suprema. Las razones de esta inconstitucionalidad se relacionan con el mismo choque de lógicas que se encuentra en el sistema de salud privado: este opera bajo la lógica de un sistema de derecho privado, en el que el precio que debe pagar una parte y las prestaciones a las que tiene derecho a cambio de ese precio son fijadas siempre de común acuerdo. Esta lógica de los contratos de salud se encuentra en tensión, sin embargo, con la realización de una prestación colectiva, como es financiar el sistema privado de salud. Aquí es importante remarcar el conflicto institucional que ello ha supuesto: el uso del recurso de protección de la Constitución de 1980 ha permitido que las cortes declaren sistemáticamente que una facultad contenida en una ley es contraria a la constitución. Y, sin embargo, las Isapres continúan haciendo reajustes unilaterales, bajo el cálculo sencillo de que pese al aumento explosivo del número de recursos de protección presentados y acogidos, sigue siendo mucho mayor la cantidad de usuarios que no reclaman.

Por cierto, en abstracto, el problema central de las Isapres es político: se trata de un sistema construido sobre discriminación sistemática a ciertos grupos etarios (ante todo: mujeres en edad fértil), cuyo objeto es financiar buena parte del sector privado de salud sin asumir la lógica de seguro colectivo que requiere una prestación de esta clase. Pero desde el punto de vista del sistema constitucional, se trata a la vez de un arreglo rechazado y requerido por el sistema.

En los hechos, ello ha permitido que pese a la declaración sistemática de que la facultad de reajustar los precios base de los planes de salud es inconstitucional, el sistema político no haya intervenido en ningún sentido para subsanar el problema. La razón es sencilla: intervenir supondría modificar el sistema, pero la modificación del sistema requiere de la afectación de intereses y cambiar diseños impuestos en buena medida durante la dictadura. Lo que se ha manifestado así no es otra cosa que el *ethos* de la neutralización llevado al extremo de la inacción: nadie asume la existencia de un problema y nadie ha pretendido modificar el sistema de forma de subsanar los vicios de inconstitucionalidad que han advertido las cortes, ya que cualquier acción en esta dirección supondría ruptura entre las coaliciones políticas y la afectación de los intereses de los dueños de las Isapres. Y entonces, las Isapres continúan, rutinariamente y una vez al año, haciendo algo que los tribunales califican de «violación de derechos fundamentales».

El *ethos* neutralizado y la práctica política no neutralizada

Lo que hemos observado es que lo que hoy se denomina «clase política» (esta denominación es en sí misma significativa, como veremos) se entiende a sí misma neutralizada –neutralizada en el sentido preciso de incapacitada para tomar decisiones que, en un sistema democrático sano, son normales y posibles–. También hemos mostrado el modo en que este *ethos* es reconducible a la Constitución de 1980; el modo en que forma parte de ella.

Como un *ethos* es un conjunto de reglas, modos de acción y criterios de corrección/incorrección, su existencia implica que los agentes desarrollarán ciertas expectativas. La expectativa, por ejemplo, de que toda cuestión importante debe ser acordada por todos; de que pretender realizar un cambio político relevante sin el acuerdo de todos los sectores políticos es impropio, inadecuado. Cuando estas expectativas fundadas en un *ethos* compartido no son respetadas, el que lo sufre se queja de maltrato y el que lo hace sabe que se ha aprovechado del otro, lo que típicamente hace que se sienta en deuda con este. Esto se ha manifestado entre nosotros a propósito del segundo gobierno de Michelle Bachelet. Dos reformas importantes tramitadas durante su primer año de gobierno desafiaron el *ethos* neutralizado de un modo en que no lo hizo la reforma tributaria, porque causaron agudas controversias y se aprobaron con la derecha votando en contra, sin buscar un «gran acuerdo» a cualquier costo: la ley de inclusión y la reforma al sistema electoral.

Las consecuencias que se siguieron de este hecho fueron previsibles: la oposición puso el grito en el cielo, denunciando que estaba siendo víctima de una política arrogante y totalitaria, realizada con diversos ítems de maquinaria pesada. Esto es, ciertamente, parte de la retórica que se ha impuesto entre nosotros durante los últimos años y resulta, en su exageración, idiosincrático: la práctica comparada no tiende a considerar que la realización de un programa de gobierno sea totalitarismo. Por cierto, toda fuerza política de oposición tiende a denunciar a la fuerza política que está gobernando y a reclamar por el daño que su acción política le hace al país. Las reacciones de la derecha son, en ese sentido, muy exageradas, pero no son en sí especialmente sorpresivas. Lo que resulta, en cambio, expresivo de una anomalía grave en un sistema democrático es el hecho de que los partidarios y miembros del gobierno comenzaran a sentir culpa: no es normal, en un sistema político democrático sano, que el hecho de que un gobierno recurra a sus mayorías electoralmente obtenidas para realizar su programa sea considerado «totalitario». Lo que muestra la anomalía que estamos intentando caracterizar es el hecho de que tanto partidarios como opositores al gobierno de Bachelet acusan una situación política «crispada» por el modo en que el gobierno actuó en su primer año, porque pretendió descansar en sus mayorías parlamentarias para realizar su programa de gobierno. Y este diagnóstico de la situación «crispada», que es común a opositores y oficialistas, ahora lleva a que éstos se sientan en deuda y prometan corregirse en los años que vienen, lo que quiere decir: no intentar más «pasar la aplanadora», no hacer nada importante sin «grandes acuerdos», etc.

Por supuesto, nada de lo anterior quiere decir que en una práctica política normal no deba producirse debate o incluso transacciones derivadas de negociaciones. La democracia puede ser también y requerir compromisos. Pero en un gobierno normal, las negociaciones y transacciones tienen un sentido que las trasciende. Por eso, entender el sentido de la acción política democrática como la búsqueda de acuerdos descansa en una distorsión: el medio se transforma en fin. Buscar acuerdos es, en muchas ocasiones, el medio necesario para avanzar en un camino que, desde la perspectiva de una visión política, se considera correcto. La negociación y el acuerdo pueden así buscar solucionar un problema innecesario con un gremio, asumiendo que no afectar ciertos intereses particulares es una concesión razonable para aumentar la viabilidad de un programa de mayor alcance; otras veces el acuerdo puede expresar unidad en una materia de especial sensibilidad general (seguridad interior o exterior del Estado) y tener por eso un valor simbólico; incluso en ocasiones un acuerdo puede significar una demostración de respeto a la diversidad en materias en que distintas identidades o colectividades tienen intereses que son en general reconocidos como merecedores de especial respeto, optimizando así la distribución de las cargas en la regulación de una materia. Todas estas (y otras) razones explican por qué en la política normal hay, por cierto, un considerable espacio para la negociación, el compromiso, la transacción y el acuerdo. Pero nada de esto implica el paso que al *ethos* neutralizado le parece obvio: que el hecho de que haya «grandes acuerdos» es un fin en sí mismo, algo que muestra que ese curso de acción es correcto, y que toda acción legislativa que no puede ser realizada sin compromiso es una muestra de totalitarismo. Porque, correctamente entendido, el acuerdo no es lo que muestra que una decisión o acción es correcta o justificada, sino que es lo que (cuando es necesario) la hace viable o posible. De un gobierno democrático se espera que avance –dentro de las formas y con los límites de la propia política democrática– su programa. Pero un *ethos* neutralizado eleva el acuerdo al nivel de criterio fundamental de corrección: todo lo que no puede hacerse sin un «gran acuerdo» es totalitario y arrogante. Un programa político a ser realizado pasa a ser, así, una aplanadora. Esto, por cierto, eterniza el statu quo.

Un *ethos* neutralizado y una práctica irresponsable

Es fundamental en el argumento de este capítulo ver que la patología que estamos comentando tiene dos características: (a) tiene su origen en la constitución tramposa, por ser ella una constitución tramposa, pero (b) excede con mucho los fines de esas trampas, y por eso se ha autonomizado de ellas al incorporarse al *ethos* que caracteriza a la cultura de la clase política de la transición. Una de las consecuencias más notorias de esto es que la práctica política chilena es sistemáticamente irresponsable. Es una cultura política en que nadie necesita asumir responsabilidad por haber decidido mal, o haber tomado un curso de acción errado, o haber defendido una posición que después se muestra inapropiada. Como nadie responde de nada, todos responden de todo. Esto es lo que tiende a denominarse «opacidad de responsabilidad» y que es universalmente reconocido en la literatura y en la experiencia política comparada como un obstáculo esencial para el funcionamiento de la democracia y como condición de desarrollo de corrupción.

¿Qué tienen que ver las dos cosas, la neutralización que entiende los grandes acuerdos como fin y no como medio, y la irresponsabilidad política que caracteriza a la cultura de la transición? La respuesta es simple. Si solo es posible legislar mediante «grandes acuerdos», no se podrá dictar ley alguna de significación que no esté respaldada por todos los grupos políticos relevantes. ¿Qué condiciones pondrá cada grupo para concurrir al acuerdo? Es evidente que exigirá que la decisión de la que se trate sea la que dicho grupo prefiere, o al menos que no perjudique a los intereses políticos o patrimoniales que dicho grupo defiende. Nótese lo que esto quiere decir: todo grupo de interés que tenga poder suficiente como para que un grupo político represente sus intereses podrá inmunizarse de ser afectado. Esto quiere decir que las decisiones políticas sólo podrán tomarse si no afectan de modo suficientemente significativo los intereses de grupos que tengan suficiente poder fáctico para generar algún modo de representación política. Así, todo el que tenga poder tendrá a alguien que hable por él en el proceso legislativo y podrá entonces poner como condición para un «gran acuerdo» que sus intereses no sean afectados. Y entonces no será posible legislar de modo de afectar considerablemente el interés de la Isapres, o de los grandes supermercados, o de las AFP, o de las universidades privadas, etc. Tampoco (por cierto) el de los partidos políticos, ni el de las empresas que financian candidatos. Esto es una de las cuestiones más importantes de notar, y que vincula el argumento de esta segunda parte con el del capítulo inicial: una política neutralizada es una política que no puede afectar los intereses de los poderosos, por lo cual crea una cultura del abuso y de la corrupción.

Ahora bien, es importante observar lo que normalmente ocurrirá, y para eso podemos hacer referencia a uno de los casos que ya han sido mencionados. En el primer momento, se anuncia una medida que es verdaderamente transformadora. Por ejemplo, se anuncia que se legislará sobre transparencia, límite y control del gasto electoral. El gobierno envía al Congreso un proyecto de ley en el que el gasto electoral se sujeta a criterios de trasparencia estrictos, que es debidamente controlado por un órgano público con facultades significativas y que está en posición de sancionar a quienes infrinjan las nuevas reglas. Es decir, un proyecto de ley que, si se aprobara, afectaría considerablemente intereses fácticos, tanto de algunos parlamentarios como de quienes los financian.

En el segundo momento, el proyecto es discutido en el Congreso, y empieza la búsqueda de un «gran acuerdo». Como es natural que ocurra, cada grupo parlamentario significativo fijará sus condiciones para concurrir al acuerdo. Entre esas condiciones, se mezclan cuestiones que tienen que ver con posiciones propiamente políticas e intereses particulares, como el interés de los financistas de cada grupo. A unos les molesta una regla que fija límites muy bajos, y entonces sus votos pueden ser asegurados aumentando los límites de gasto; a otros les perjudica que las empresas no puedan donar y para conseguir su apoyo se crea esa posibilidad; otros se opondrán a las sanciones, y para conseguir sus votos ellas serán morigeradas; todavía otros prefieren que el SERVEL no tenga facultades fiscalizadoras que puedan dejarlos en posiciones enojosas, y entonces para contar con esos votos las facultades del SERVEL son reducidas hasta que no molesten a nadie. Y así el proyecto continúa su camino hacia el «gran acuerdo»: cada dimensión en la que podría haber una diferencia significativa será, por regla general, una dimensión en que se afectarán los intereses de alguien; en la medida en que deba ser el resultado de un gran consenso, la ley que sale del Congreso será una que para poder ser aprobada necesitará haber perdido su contenido transformador. El resultado, en el caso que estamos considerando, fue una ley de trasparencia, límite y control del gasto electoral que no sólo permitía, sino que fomentaba el aporte de las empresas, con brevísimos plazos de prescripción, escasas sanciones y nulas facultades de fiscalización para el Servicio Electoral.

En el tercer momento, logrado el «gran acuerdo» la ley se aprueba. Para promulgarla el ejecutivo hace un gran acto, con un gran discurso en que destaca la seriedad de los políticos chilenos, que son capaces de ponerse de acuerdo en materias de interés nacional, deponiendo por el bien del país sus diferencias. Es una gran señal de desprendimiento y de responsabilidad política, de unión por el bien de la república. Reconocerá el Presidente que el proyecto sufrió notorias modificaciones durante su tramitación, pero esas modificaciones serán celebradas como un ejemplo de la calidad de nuestra política democrática y nuestro parlamento, que a través de la discusión (porque «parlamento» es un lugar para parlamentar, nos recuerdan de vez en cuando) logró mejorar el proyecto y recibir los aportes de todos.

El cuarto momento ocurre unos años después, en que empiezan a surgir denuncias de financiamiento irregular de campañas políticas. Y nos enteramos de que era habitual que las campañas se financiaran al margen de la ley, y que todos sabían que las campañas eran muchísimo más caras de los máximos legales, y que en definitiva la ley en cuestión no logró cambiar nada, que todo siguió igual. Y es ahora cuando aparecen agudos comentaristas destacando que la ley no tiene sanciones, o que tiene brevísimos plazos de prescripción o que el SERVEL no tiene facultades de fiscalización eficaz. Ahora se hace evidente, en otras palabras, que la ley que se dictó nunca pudo afectar la realidad del financiamiento electoral, y que quienes la dictaron no podían sino saber que la ley no cambiaría mucho las cosas.

Esto lleva al quinto momento, donde el daño se consuma. Porque los ciudadanos nos miramos unos a otros y nos preguntamos: ¿es que nos están tomando el pelo? ¿No nos habían dicho que el problema del gasto electoral ya estaba regulado por una ley que, si bien no era perfecta, al menos era un avance considerable? Y ahora nos venimos a enterar no solo de que no fue un gran avance, sino que quienes la dictaron no pueden sino haber sabido, al dictarla, que no iba a avanzar significativamente. ¿Quién es el responsable? ¿Quién defendió este proyecto de modo que ahora resulta inútil? Y entonces intentamos identificar quiénes fueron los que votaron por esta ley, y nos encontramos con que fueron todos, porque se trataba de un gran acuerdo transversal. Es como la clase política gritando al unísono «¡Fuenteovejuna, señor!». Y entonces nosotros, los ciudadanos, no podemos distinguir a quién premiar, porque defendió la postura que el tiempo mostró que era correcta, y a quién castigar, porque ahora sabemos que defendió intereses particulares. No podemos culpar diferenciadamente a nadie, por lo que debemos culparlos a todos, a la «clase política». Y así el desarrollo de un sistema político con opacidad de responsabilidad cuyas decisiones pasan a ser resistidas por la ciudadanía va a generar el efecto que puede esperarse: no es que una coalición política o ciertos políticos entren en crisis y, con ello, pierdan parte de su poder como debiera esperarse en un sistema democrático, sino que el sistema en general entra en crisis.

Esto ha ocurrido una y otra vez: el fondo solidario del AUGE, la reforma constitucional de 2005, la ley general de educación y la derogación de la LOCE, la reforma tributaria de 2015, la ley de pesca, etc. Una práctica política neutralizada como la chilena es una práctica política constitutivamente irresponsable, en que nadie responde. Y cuando nadie responde, lo que se produce es que todos responden: responden mediante la deslegitimación general de la práctica.

Por eso, es esta práctica neutralizada cada vez más comúnmente descrita como la de una «clase política» (una denominación que, aunque antigua en la ciencia política, se ha hecho común en el discurso público recientemente). La de los «políticos» es una *clase* que defiende sus intereses de clase. Por eso, independientemente de la intención de este o aquel diputado o senador, la política institucional ya no es vista como una actividad al servicio de la ciudadanía, sino de los intereses de la clase política; los partidos políticos son indiferenciables, ya que todos buscan proteger el statu quo. De esta forma ¿qué razones hay para participar? Todo pareciera llevarnos a entender que los dramáticos descensos en la participación electoral no son signo de conformidad, sino que de resignación. El siguiente paso consiste en que la ciudadanía comienza a hablar de «casta política» (o «duopolio»), que es una versión no resignada sino que indignada. En esta versión la ciudadanía percibe a «los políticos» como un conjunto de personas que ya no sólo privilegian sus intereses de clase, sino que buscan diferenciarse de la ciudadanía como un grupo especial con privilegios e inmunidades.

La exclusión del desacuerdo y el ocaso del interés general

El *ethos* neutralizado que ha resultado ser la consecuencia de la institucionalidad neutralizadora que la Constitución de 1980 conscientemente configuró, ha transformado la comprensión de la política, y más grave aún, de lo político. Esto es grave porque lo político es el espacio que surge cuando se reconoce al otro como igual, y por tanto se busca resolver comunicativamente los desacuerdos (no negarlos). Lo característico de lo político es que permite resolver el desacuerdo sobre cómo hemos de vivir juntos, reconociéndonos como iguales, por la vía de tomar decisiones que reclaman ir en interés de todos.

Hoy día, sin embargo, el *ethos* neutralizado niega el desacuerdo, porque le teme, como si toda expresión de desacuerdo fuera a terminar en un estallido, literalmente, de la comunidad política. Así, la situación es esta: o bien se niega el desacuerdo apelando a que en verdad no es tal, que es cosa de convocar a una «comisión de expertos» para que lo resuelva, porque lo que parece desacuerdo político es únicamente falta de conocimiento, ya que si las pensiones de buena parte de los trabajadores son bajas y ello es visto como inaceptable por la ciudadanía, debe ser que hay algo en el sistema que está mal diseñado y debe ser corregido, y no, en cambio, porque el sistema se basa en una comprensión de los vínculos y las responsabilidades políticas que la ciudadanía rechaza; o bien se lo niega, simplemente acallándolo. Negar el desacuerdo, sin embargo, implica negar lo político, implica dejar de tomar decisiones que buscan y reclaman ir en el interés de todos.

Sin embargo, la negación de lo político no es simétrica en términos de visiones políticas. Dejar de decidir es favorecer el statu quo, y cuando el punto de partida es un conjunto de instituciones tan neoliberales (piénsese en el sistema de pensiones, salud, educación) que sólo pueden explicarse porque fueron diseñadas e impuestas por la dictadura, el asunto se vuelve dramático. Porque negar el desacuerdo que tenemos acerca de cómo han de ser reformadas, modificadas o mantenidas dichas instituciones, implica, inevitablemente, perpetuar su existencia.

Capítulo 5
Representación y política bajo la Constitución de 1980

Introducción: la crisis de la política y la idea de representación

El año 2015 fue el año de la crisis de la política. Esa crisis de la política ha tendido a ser identificada como la exasperación de la ciudadanía con «los políticos»; la ciudadanía habría descubierto, ese año, que los políticos persiguen ante todo la satisfacción de sus intereses personales, incluso infringiendo a veces (al menos) el espíritu de la ley. Esta representación general tiene, por cierto, un núcleo de verdad. El año 2015 se hizo público el insoportable grado de dependencia de los políticos respecto a los grupos económicos; tan alto, de hecho, que hace prácticamente irresistible la sospecha de que ellos representan en muchos casos los intereses de grupos económicos que los financiaban y no, en cambio, los de la ciudadanía. Lo que ocurrió en 2015, en este sentido, puede ser descrito como la crisis de la idea de representación. O mejor dicho, 2015 fue el año de la manifestación de la crisis, porque la idea de representación se ha encontrado en crisis en Chile ya desde hace algún tiempo. Dicha crisis se origina, como veremos, en la Constitución de 1980: ella ha permitido y fomentado el desarrollo de una idea deformada de representación política. La crisis de representación, entonces, es una forma conspicua de manifestación del problema constitucional[28].

---

28 Lo dicho en el texto debe ser entendido de la siguiente manera: la Constitución de 1980 es condición *suficiente* de la crisis de representación. No estamos diciendo que sea condición *necesaria*. Por eso puede haber crisis de representación en otros países en que no tienen una constitución neutralizadora, así como puede haber causas adicionales a la crisis en Chile. Todo eso es posible sin que sea una objeción a la idea sostenida en el texto principal.

En este capítulo nos interesa revisar el modo en que la cultura política chilena vinculada a la Constitución de 1980 ha generado una comprensión práctica deformada de la idea de representación política. Nos interesa, en ese sentido, explicar el modo en que la práctica de la representación encarna quizá el caso más claro de nuestro problema constitucional. Aunque aquí pueden encontrarse también algunos esbozos de los modos en que pueden estructurarse prácticas de representación que al menos en su idea son menos problemáticas, en la Tercera Parte veremos con más detalle cómo puede producirse un arreglo constitucional que a este respecto no sea problemática.

La representación política deformada

Para entender en qué consiste el problema constitucional de la representación, puede ser útil preguntarse por la idea de representación que es posible articular bajo la Constitución de 1980. «Articular» una idea de representación no quiere decir aquí «formular» una teoría de la representación política que pueda ser derivada del texto de la Constitución de 1980, sino explicar la correlación que hay entre la práctica que se ha desarrollado bajo la Constitución de 1980 y la configuración constitucional de las instituciones que pretenden cumplir un rol de representación. Esto es: al preguntarse por la idea de representación, se trata de preguntarse cómo la práctica política entiende el mandato popular que algunas autoridades reciben. Casos centrales de estas instituciones en la democracia chilena son: Congreso Nacional y Presidencia de la República, por un lado; partidos políticos y alianzas electorales, por el otro.

Pese a la existencia de estas instituciones, bajo la Constitución de 1980 no ha sido posible generar una práctica políticamente comprensible de representación, esto es, una comprensión del modo en que el ejercicio del poder por parte del Estado responde a las decisiones políticas de las mayorías. En vez de eso, se ha generado una comprensión deformada de la representación: la representación política es vista como representación de los intereses particulares de quienes votaron por el candidato elegido. Entender esto exige explicar, aunque sea brevemente, qué significa que la ciudadanía (el pueblo) sea representada.

La representación política es una idea «artificial», es decir, se trata de una práctica institucionalmente configurada y mediada. Ciertas instituciones y agentes asumen la pretensión de representar a su mandante –el pueblo, como detentador de la soberanía– y, en su nombre, ejercen funciones que implican poderes excepcionales. Esta idea se distingue, en cambio, de una representación popular no mediada por reglas: el «líder» carismático se identifica inmediatamente con el pueblo, lo que no significa más que el pueblo reconoce su poder por causa de su carisma. Cuando aquí hablamos de que la representación democrática es «artificial», estamos distinguiéndola de esta representación carismática no mediada institucionalmente, y en este sentido «inmediata».

Sobre la idea misma de representación

Pero decir que la representación es una idea artificial y mediada por instituciones todavía no nos dice nada sobre su contenido. Que ciertas instituciones o prácticas «representen» al pueblo, parece implicar un uso algo metafórico y en cualquier caso abstracto del lenguaje. Comprender el modo en que ella se articula como práctica requiere, por ello, de precisiones ulteriores.

En otros contextos tenemos menos problemas para entender qué significa la «representación» y, por ello, tal vez sea útil recurrir a esos contextos para explicar de «modo terrenal» la idea de representación política. Para los abogados, por ejemplo, es sencillo e intuitivo entender la práctica de la representación por referencia a los contratos. En un contrato cada parte necesita dar su consentimiento para que este sea celebrado, pero es posible que una de las partes no pueda concurrir personalmente al contrato y sea *representada* por otra persona. En virtud de la representación, lo que hace esta persona (el «representante») cuenta ante el derecho como realizado por la otra (el «representado»). Así, por ejemplo, el representante de un comprador puede consentir en los términos del contrato de compraventa si cuenta con poder suficiente para ello, pero cuando el representante dice «sí», el que queda obligado a pagar el precio es el representado. Esta forma obvia de representación es conocida por todos porque es parte de la vida cotidiana, incluso en contextos informales. Es el caso ya mencionado de la contratación, pero también: si no puedo asistir a una reunión de un grupo en el que participo que ha de decidir algo, puedo pedirle a otro miembro que asistirá que haga presente (re-presente) mi opinión; si debo realizar un trámite ante alguna autoridad pero no puedo hacerlo personalmente, puedo «dar poder» a alguien para que lo haga a mi nombre (en mi representación).

En este sentido, la idea de representación supone (1) que una persona (el representado) tiene uno o varios intereses que por alguna razón no puede defender o avanzar por sí mismo, y entonces debe recurrir a otra, y (2) que es representada por el representante, cuyo deber entonces es actuar a nombre de la primera de modo de defender los intereses de esta, y hacerlo del modo más parecido posible a la manera en que ella lo haría.

La representación política es hoy entendida de este modo, como si eso fuera evidente y obvio: los ciudadanos no están en condiciones de dedicar a la cosa pública todo el tiempo y energía que necesitarían entregar para defender eficazmente sus intereses, por lo que nombran a algunas personas (los «políticos») como sus representantes. Estos, por tanto, tienen el deber de defender los intereses de los representados, y hacerlo del modo que sea más parecido a lo que los representados mismos quieren. «Los políticos» cumplen su función si son eficaces en la defensa de los intereses de los grupos que los eligen, y traicionan el cometido que se les ha encomendado si hacen algo distinto a promover y avanzar esos intereses.

Este es un punto enteramente central: como el representante debe defender los intereses del representado porque el representado no puede hacerlo por sí mismo, el deber del representante, en principio, es hacer todo y sólo lo que el representado quiere. En esta lógica, el deber de los políticos, el estándar por referencia mediante el cual su desempeño debería ser juzgado, es la promoción eficaz de los intereses de sus electores. Nótese que esos intereses son intereses particulares, porque un interés particular no deja de ser particular por el hecho de ser geográficamente caracterizado (como en un distrito o una circunscripción). El deber de un senador de Coquimbo, por ejemplo, es defender el interés de los electores de la circunscripción de Coquimbo. Una vez elegido senador por los vecinos de Coquimbo, el político debe concurrir al Senado, donde se encontrará con representantes de otros intereses particulares. Ahí deberá negociar para maximizar el beneficio para los electores de Coquimbo.

Que esta es la comprensión obvia y evidente de la representación política en Chile es algo que puede apreciarse no sólo en el modo en que los ciudadanos o la prensa hablan de la política, sino en el lenguaje de los propios políticos. Ellos reclaman estar «siempre contigo» o «firme junto a ti», enfatizando su compromiso por defender los intereses que «sus electores» quieren que sean defendidos. De este modo, los políticos «se deben» a los electores de su distrito o circunscripción[29]. El lenguaje permite expresar esta idea de un modo sencillo. Un parlamentario por una zona determinada se entiende a sí mismo como un representante *de* esa zona, es decir, como alguien nombrado por los electores de esa zona para que defienda los intereses de esa zona. El diputado elegido en Concepción es un diputado *de* Concepción, cuya función es reunirse en el Congreso con diputados *de* otros distritos y abogar por las cosas que son convenientes para Concepción, es decir, por lo que interesa a Concepción, que puede coincidir o no con lo que interesa a, por ejemplo, Los Andes. Los otros diputados a su vez abogarán por lo que es conveniente para los otros distritos. Bajo esta comprensión, la Cámara de Diputados sería una especie de asamblea de plenipotenciarios, cada uno de los cuales ha sido enviado al Congreso con el cometido de defender lo suyo (o a los suyos).

Por razones que serán evidentes más adelante, llamaremos a esta comprensión de la representación la comprensión «de derecho privado». La hemos descrito con cierto detalle porque esperamos que el lector la reconozca, es decir, que pueda notar que ella efectivamente es la que está detrás de mucha reflexión o crítica del sistema político. Y lo que queremos explicar ahora es que esta manera de comprender la representación, pese a lo habitual que ha devenido, es totalmente incompatible con la idea de representación que caracteriza a la democracia que se llama «representativa». Y es totalmente incompatible no sólo en un sentido, por decirlo de alguna manera, «teórico»,

---

29 Por supuesto, es probable que nuestra situación actual sea todavía peor: los políticos sólo actúan como si sirvieran los intereses de sus electores, pero en realidad «se deben» a sus financistas. Sea cual sea el caso, la idea de representación que sobrevive entre nosotros tiene esta naturaleza.

como si sólo significara que la teoría democrática es incompatible con esa *idea* de representación. Adicionalmente, las instituciones democráticas realmente existentes son incompatibles con esa idea. Lo que esto significa es que si esas instituciones son entendidas por referencia a esa idea de representación, ellas serán incomprensibles. Pero por otro lado, la comprensión de la representación que hemos estado describiendo es una versión deformada de la representación política, una versión que es consecuencia de nuestra práctica política neutralizada. A nuestro juicio, la primera condición para entender la profundidad de la crisis política que el proceso constituyente espera contribuir a resolver es entender la manera en que incluso nuestro lenguaje político ha sido deformado. Tenemos instituciones que no comprendemos porque ya la manera en que hablamos de ellas está severamente deformada.

Consideremos –para empezar– en qué consiste la «crisis» que enfrentamos. Para hacerlo, podemos atender al modo en que ella se verbaliza. A veces, la crítica mira a los resultados de la acción política: «los políticos no hacen la pega», o «no solucionan los problemas de la gente que ha votado por ellos». Es decir, de ellos se espera un resultado que no producen. Otras veces la crítica es que ellos «sacan la vuelta» porque, por ejemplo, no están presentes durante el horario de trabajo en su lugar de trabajo (que se restringe a la sala de la cámara respectiva), chatean, revisan sus correos o navegan por internet. Aquí lo criticado no es el resultado, sino el modo en que no cumplen la función en cuestión. La crítica continúa: en un trabajo normal –a diferencia del mundo paralelo en el que viven los políticos– si los ciudadanos comunes y corrientes actuaran como actúan los políticos serían despedidos. En resumen: todos estamos sujetos a formas de presión y salimos adelante con ella o fracasamos, pero los políticos no cumplirían su función, ni en los resultados que se esperan de ellos, ni en el modo en que se espera se comporten. Porque nótese: bajo esta idea de representación, los políticos simplemente no han hecho su trabajo, esto es, satisfacer los intereses particulares que representan, del mismo modo que un gerente que no cumple ni de cerca las metas de utilidades que le son fijadas. El gerente, sin embargo, es o debiera ser removido. Los políticos, en cambio, no son removidos, porque están «apernados».

Las reacciones frente a la crisis de la política: traer a los mejores y acercar la política a la gente bajo la idea deformada de representación

Pese a que probablemente no sea expresado del modo explícito en que lo hemos hecho, este diagnóstico de las razones de la frustración frente a la política se encuentra extendido también en la propia clase política. El diagnóstico es importante porque naturalmente sugiere ciertos cursos de acción que, al atacar las causas del problema, serían adecuados para salir de esta crisis. Lo interesante es que estos cursos de acción han sido seguidos con fruición desde los primeros atisbos de la crisis (que habitualmente se fijan en la brusca caída en la participación y en el voto por la Concertación en la elección parlamentaria de 1997), y el problema se agudiza. En vez del volver sobre el diagnóstico y preguntarse si era incorrecto, la solución habitual ha sido insistir más y más intensamente en lo mismo.

La respuesta tradicional consiste en reconocer que (i) los políticos no han estado a la altura de la importancia de su cargo, por lo que sería necesario que llegara mejor gente (como una empresa que requiere «mejores» gerentes); y que (ii) el sistema político tendría un diseño que lo alejaría de la ciudadanía e impediría el cumplimiento de la misión de representación de intereses que caracterizaría al político. La solución estaría entonces en atacar al mismo tiempo estos dos flancos: (i) intentando hacer al trabajo político más atractivo para atraer a «los mejores», y recíprocamente más estricto en la medición de su desempeño (indicadores que muestren que los políticos «hacen la pega»); y (ii) intentando «acercar» el representado al representante, para que éste pueda ver cómo el primero defiende sus intereses.

(i) Mejorar el trabajo legislativo

El primer modo de reacción puede observarse en las reformas tendientes a «mejorar la calidad del trabajo legislativo». Nuestra «clase política» suele (solía) mirarse a sí misma con cierta complacencia en el contexto latinoamericano, una complacencia análoga a la que exhibe la clase empresarial, que cree que «los empresarios» chilenos son en algún sentido mejores que los de otros países latinoamericanos. En este contexto, se extendió una explicación que partía de este prejuicio para la crisis de representación: el fracaso de la política se debía a la falta de preparación de los políticos, lo que a su vez se debía a los incentivos de la actividad, lo que hoy suele denominarse, con cierta pomposidad, la «economía política» de la representación: los enormes sueldos que tendrían los mejores administradores en el sector privado harían que «la mejor gente» se dedicara a actividades privadas. Lograr que la función de los políticos fuera bien cumplida requeriría, así, de una mejor «clase política», esto es, que «los mejores» también ejerzan cargos políticos. Pero, como los incentivos para hacer uno u otro trabajo estarían ante todo en la remuneración esperable, la superación de la crisis requeriría de una mejora sustancial de los sueldos de parlamentarios y autoridades de gobierno.

Esto no sería, sin embargo, suficiente. Para asegurarse de que «la pega» se haga, sería necesario introducir modos de control en el cumplimiento de la función; esta sería la contrapartida esperable de un aumento en las remuneraciones. Por ello, el trabajo legislativo debía ser sometido a metas y controles al igual que el trabajo en la empresa. La remuneración de los parlamentarios ha subido así de un modo exponencial en los últimos quince años, del mismo modo en que lo ha hecho la presión para que tanto el ejercicio en su lugar de trabajo (la sala) como sus resultados sean visibles. ¿El resultado? La crisis no sólo no se abate, sino que se agudiza. Ello por una razón muy simple: porque el origen de la crisis está en la práctica política misma.

Al decir que esta es una vía que no ataca las causas de la crisis no estamos diciendo, por cierto, que no sea razonable o conveniente preocuparse del trabajo legislativo y sus productos, las leyes. Pero es un prejuicio tecnocrático incorrecto –o, mejor, una traslación de una lógica propia de otros ámbitos de trabajo– creer que de lo que se trata es de que los legisladores estén mejor preparados para solucionar los problemas relativos a los cargos de representación en el congreso, porque ello mejoraría la calidad de las leyes. En la práctica (y no sólo chilena) la labor de diseño y depuración técnica de las leyes es ejercida crecientemente por el gobierno o por instancias especialmente dedicadas a ello, además del lugar tradicional en que ello se realizaba, a saber, los partidos políticos. El parlamento es ante todo un órgano de discusión de ideas políticas –y no principalmente de técnica legislativa– y de decisión respecto a las ideas políticas en confrontación. Como veremos, la lógica de la representación exige concentrarse en configurar un parlamento representativo y leal con las ideas que representa antes que conseguir que sus miembros «hagan la pega». Pero eso supone lo que hoy resulta imposible, es decir, entender la lógica de la representación parlamentaria.

(ii) Acercarse a la ciudadanía

El sistema chileno también ha asumido que el origen de la crisis de representación podría encontrarse del otro lado de la relación de representación, esto es, en la ciudadanía. Detrás de esta idea hay por cierto un núcleo de verdad: como la idea de representación está deformada, la ciudadanía no es, en los hechos, representada por quienes asumen como sus representantes y, con ello, se ha «alejado» de la actividad política. Pero precisamente como lo deformado es la idea de representación, esta segunda manera de enfrentar la crisis, que supone la corrección de esa idea deformada, no puede sino agudizar el problema. Porque aquí la idea es que «la gente» ya no «se siente» representada por los políticos porque estos no tienen suficiente «cercanía» con ella y sus problemas. La segunda «solución» sugiere que la política «se acerque» a la gente, «sintonice» con ella.

Para «acercar» la política a la gente se han intentado diversas estrategias: las encuestas juegan un rol cada vez más importante, y mientras más sean «escuchadas» por los políticos, estos estarían cumpliendo de mejor forma su labor de representación. Llevado al extremo, ello requeriría que el parlamentario de cada distrito genere constantemente encuestas en su circunscripción de modo tal de poder «representar» mejor a sus representados. La política debiera también «seducir» al ciudadano. Sin ofertas interesantes, se generaría apatía, por lo que sería necesario introducir modos de funcionamiento que obliguen al político a atraer hacia sí a los ciudadanos (este lenguaje de «seducción» fue precisamente parte de la justificación de la reforma que hizo voluntario el voto). De otra forma, la apatía se generaría tal vez por la falta de interés en conocer el trabajo valioso del político en cuestión. Podría ser incluso que, a causa de la apatía, los ciudadanos elijan con indiferencia, por lo que no elegiría buenos candidatos, lo que haría a volver a (i). El sistema político ha sido, así, reformado (formalmente pero también en sus prácticas de funcionamiento) para «acercarlo» a la gente. Todas estas acciones han fracasado ampliamente en sus propios términos. Si la función de representación se cumple por la vía de generar «sintonía» entre políticos y electores, entonces los dos principales indicadores de éxito serían el porcentaje de participación en las elecciones y el grado de aprobación que los individuos expresan en encuestas respecto de los políticos. Después de más de una década de políticos intentando «acercarse» a «la gente», ambos indicadores se encuentran en lugares excepcionalmente bajos, tanto en relación a nuestra historia como en relación a la experiencia internacional. Y eso no obsta a que una y otra vez se escuchen propuestas para hacer que la política esté aún más cerca de la gente (uno de los argumentos utilizados por quienes se opusieron a la reforma del sistema electoral de 2015 era que los distritos reformados serían más grandes, lo que «alejaría» negativamente al diputado de sus electores).

Pero, como hemos visto, es importante no confundir este fracaso con algo así como un problema «de gestión» de los políticos. No hay duda de que los escándalos de los últimos años son imputables, ante todo, a sus actores. Ellos se generan, sin embargo, en un paradigma en que la representación ha devenido incomprensible no sólo para ellos, sino también para los ciudadanos. La crisis de la representación es también (tal vez: ante todo) una crisis de ciudadanía, que se articula sobre la incapacidad que tiene el ciudadano de entender qué significa ser representado y el político de entender qué significa representar. Y esto, como veremos a continuación, se expresa del modo más claro posible en la reforma que instituyó la inscripción automática y el voto voluntario.

Voto y representación

Uno caso especialmente claro de una reforma que pretendía hacer la política «más interesante» y a partir de ello superar la crisis de representación, es la que introdujo la voluntariedad del voto mediante la ley 20337. Esta reforma estaba basada en la interpretación ingenua de que el voto es un derecho y todo derecho debe poder ser ejercido facultativamente –derecho y obligación serían categorías contradictorias–, por lo que sería «antiliberal» obligar al voto.

Pero no sólo estaba basada en esa idea especialmente tosca e incorrecta de qué quiere decir tener un derecho y qué es un deber. Ella también tenía una pretensión –a la luz de los hechos, mucho más ingenua que la anterior– de «acercamiento a la gente». Si el voto es obligatorio, los ciudadanos operarán como una audiencia cautiva, y eso tendrá consecuencias para la «calidad» del producto ofrecido; si, por el contrario, los ciudadanos son libres de votar o no, «los políticos» tendrán «incentivos» para hacer propuestas atractivas, y de ese modo «seducir» al ciudadano para que vote. Así, esta reforma prometía enfrentar la crisis de representación: obligar a los políticos a presentar buenos productos, seducir a la gente.

Bajo la idea deformada de representación que es hoy común, estos supuestos pueden parecer comprensibles. Después de todo, los políticos representarían intereses particulares y concretos. Pero el ciudadano que no está interesado en la política y vota «sólo por obligación» no expresaría mucho. Su falta de información podría dar lugar incluso a mensajes contradictorios: el voto comunicaría que quiere que un determinado político represente sus intereses, cuando en realidad no sabe lo que está pidiendo.

Lo interesante de todo este asunto es que la ley 20337 llevó esta noción deforme de la representación a sus conclusiones lógicas, por lo que su fracaso debería mostrar el error de esa noción. Pero como ha ocurrido una y otra vez, el fracaso del voto voluntario, y el hecho de que muchos que eran sus más entusiastas defensores hoy se hayan convencido de que fue un error, no ha llevado a revisar el diagnóstico original, sino a una posición que es tan ingenua como la reforma misma: lo que justifica volver al voto obligatorio es que subió la abstención. Nótese el absurdo: si el sentido de la voluntariedad del voto era reconocer la libertad de los electores, es absurdo pretender obligarlos porque ejercieron esa libertad como a uno no le gusta.

Son así precisamente las preguntas importantes las que han sido silenciadas por el debate al discutir sobre cómo reformar el propio sistema político. Todas esas preguntas llevan a entender que el diagnóstico sobre la crisis política es fenomenalmente errado, porque descansa en una idea de representación que es incompatible con las instituciones democráticas.

Para apreciar esto, un buen punto de partida es la idea misma del voto: a una comprensión deformada de la representación corresponde, por cierto, una idea correlativamente deformada del voto. La ley 20337 que hizo voluntario el voto suponía que este es una cuestión enteramente privada, un medio que las leyes dan a las personas para que encarguen a otro la gestión de intereses que ellos no pueden gestionar por sí mismos.

Uno podría decir: ¿y de dónde sale esta idea de que el voto voluntario supone que el voto es una cuestión privada? ¿No hay acaso voto voluntario en otros países? ¿Es que en todos ellos hay una representación deformada del voto? Lo primero que puede responderse a esto es que las instituciones no pueden ser analizadas en abstracto. Es decir, el sentido de una regla o de una institución no se encuentra únicamente en ella misma, sino también en el modo en que es comprendida o las fuerzas que llevaron a su surgimiento, etc. Por consiguiente, al decir que la reforma que introdujo el voto voluntario descansaba en la idea de que el voto es una cuestión privada, no estamos obligados a decir lo mismo de toda regla sobre voto voluntario. Pero sí cuando atendemos a las razones que se consideraron suficientes para hacer voluntario el voto en Chile, resulta claro que en nuestro caso esa reforma fue la consecuencia de la deformación que estamos tratando de identificar.

La cuestión de la «seducción del votante», por otro lado, es la misma. Si el político tiene éxito en «seducir» al votante logrará algo que le conviene a él (ser elegido) y si no lo tiene, no lo logrará. Se trata del interés privado del candidato en ser elegido lo que lo ha de llevar a intentar «seducir» al votante. El interés privado del votante lo llevará a votar por un candidato, en la medida en que se trate de un candidato que le prometa defender sus intereses de un modo que le resulte interesante y atractivo. En estos términos, obligarlo a votar sería obligarlo a defender sus intereses particulares, un caso inaceptable de paternalismo estatal.

Pero aquí todo el argumento anterior empieza a desmoronarse, y con él la entera comprensión de la representación en la que descansa. Es poco probable que los votantes se dejen seducir, porque dado lo que es la acción política, el candidato nunca podrá hacer una oferta atractiva y cumplirla, si lo que promete ha de ser actuar como un buen representante de derecho privado (es decir, como un buen gestor de intereses particulares ajenos). Esto quiere decir que, mientras más «seducción» inicial haya, mayor será la frustración posterior: los ciudadanos percibirán a poco andar que la pretensión de que el candidato seductor «solucione sus problemas», haga que sus intereses se impongan, no se realizará en ninguna medida. Por consiguiente, era perfectamente predecible que la reforma en cuestión fracasaría en sus propios términos (es decir, que ella llevaría al colapso de la participación política), como efectivamente ocurrió.

La verdadera naturaleza de la crisis de representación

Por supuesto, como hemos adelantado, la crisis de la representación política no se explica por la falta de habilidad en la gestión o por la falta de capacidad de seducción de los parlamentarios (o candidatos en general) a los votantes. Dicho más genéricamente, no es consecuencia de la suma de déficits de varios políticos, por lo que no es solucionable mejorando su *performance*. Ella es consecuencia de la idea de representación que subyace a una práctica política neutralizada como la que ha florecido bajo la Constitución de 1980. Como se trata de una idea de representación incompatible con las formas institucionales de la democracia representativa, el desajuste entre instituciones y expectativas es cada vez más grande.

Empecemos por revisar el modo en que la idea de representación sobre la que se construye la política actual no puede no generar frustración. Para comenzar, podemos identificar dos problemas estructurales: (i) los intereses representados son tan variados que ellos simplemente no pueden ser satisfechos como intereses particulares, por lo que se trata de una función imposible; (ii) la política no puede funcionar sobre la base de un concepto gremial de representación de esta clase. Los problemas que serán descritos bajo (i) y (ii) fluyen de la lógica misma de la idea deformada de representación. Pero para entender que ellos son problemáticos tendremos que corregir la deformación. Como mostraremos en (iii), necesitaremos una idea de representación que dé cuenta de que se trata de representación política y no de representación bajo la lógica del derecho privado.

(i) Una función que no puede ser desempeñada

La razón más obvia por la que una idea de representación como la que se ha impuesto en Chile no puede funcionar, es que se trata de una función que no puede ser desempeñada. Considérese el punto de partida de la concepción en cuestión: el elector ha celebrado un contrato con un candidato, en virtud del cual el candidato se compromete a representar los intereses del votante. Es decir, el votante tiene bajo el contrato un derecho contra el diputado o senador, en virtud del cual este debe conseguir que sus intereses sean satisfechos. En la medida en que no lo haga, el parlamentario estará incumpliendo expectativas legítimas de sus electores. Este incumplimiento da naturalmente origen a una legítima y razonable frustración del co-contratante (el elector), que se sentirá defraudado. Si el incumplimiento se generaliza, la frustración también se generalizará.

La pregunta entonces es: ¿puede la política soportar una expectativa de esta clase? Parece obvio que si la función de los políticos es de esta naturaleza, ellos van a producir frustración en la mayor parte de quienes creen tener un crédito a su respecto, porque los intereses no pueden ser satisfechos a discreción. La idea de representación de derecho privado, aplicada a la representación política, implica que el representante asume un deber que no puede ser cumplido.

A lo anterior podría alguien replicar, en defensa de la comprensión de derecho privado de la representación política, que esta no debe tomarse tan literalmente; que el argumento anterior supone que el elector puede fijar discrecionalmente los términos del contrato, y que por eso el contrato no puede ser cumplido. Corrijamos entonces esto; asumamos, por ejemplo, que el contenido del derecho del elector queda fijado no por lo que el elector quiere, sino por la caracterización de intereses que pueden ser políticamente promovidos. Esto, por ejemplo, excluye intereses que podríamos llamar «íntimos», y lo mismo deberíamos decir de los intereses patrimoniales excesivos. Pero nótese que en esta idea de representación no podemos eliminar mucho más. Así, es posible excluir intereses obviamente impertinentes, como el interés en tener éxito en una relación de pareja o en hacerse millonario, pero en esta comprensión de la política no es posible avanzar mucho más precisamente porque el punto es que si los electores tienen un interés, por ejemplo, en que un sector económico determinado se vea favorecido, o en que puedan obtener los sueldos más altos posibles, etc., entonces dicho interés vincula al representante.

Incluso en esta versión más limitada, en que hay intereses que por su tipo pueden ser excluidos de consideración, el contrato político es un contrato que el representante no puede cumplir. La política –en especial legislativa– no es una actividad que permita satisfacer en amplia medidas intereses materiales de la gente. Desde el punto de vista de la satisfacción de intereses materiales, ella sólo administra parcialmente recursos escasos y no puede superar la escasez. Es simplemente imposible que la política «solucione los problemas de la gente» si eso se entiende como satisfacer los intereses particulares que los electores discrecionalmente deciden tener.

De nuevo, un defensor de esta idea de derecho privado de la representación podría insistir en que estamos tomándonos las cosas demasiado literalmente. Ese es el lenguaje en que la frustración se expresa, pero dicho lenguaje no debe ser tomado literalmente. «Es excesivo –podría decirse– pretender que toda gestión del político que no realice los intereses de sus electores sea calificada como un fracaso y un incumplimiento. Parece más razonable decir que el cumplimiento o incumplimiento depende no del resultado sino del modo en que los intereses de los representados son defendidos».

En el lenguaje de los abogados, se trataría de una obligación *de medios* (hacer algo de un modo determinado) y no *de resultado* (hacer algo y, a partir de ello, obtener un resultado que forma parte del contenido de la obligación). El lenguaje político a veces expresa esta idea: los electores buscarían políticos que se preocupen de sus problemas, que los defiendan. El buen político al menos lo intentaría dentro de lo posible. La función de representación se definiría así por *actuar* en defensa de intereses y no, en cambio, por lograr que esos intereses se vean satisfechos (se trataría de una obligación de medios, no de resultados).

Esta última adecuación del argumento es, por cierto, necesaria. De hecho, con ella se llega a una formulación de la idea de representación que parece perfectamente verosímil, y que está a salvo de las exageraciones iniciales. Pero al observarla de cerca es posible apreciar que ella contiene la raíz de su frustración. La contiene porque retiene de la idea original de representación de derecho privado el que los intereses representados son intereses particulares de los electores. Dichos intereses son restringidos (la primera corrección) y las expectativas en cuanto a qué deber asume el representante son ajustadas (la segunda corrección), pero eso no cambia la idea de qué es lo que hace el representante al representar. Y por eso, esta versión corregida sólo encoge el margen de la frustración pero no redefine el contenido de lo que se espera en general de los políticos. Por ello, más allá de que no sea en sí motivo de frustración no conseguir la satisfacción de algunos intereses, sí lo sería el que el sistema en general no permita esta satisfacción de intereses. La misma expectativa sigue siendo puesta como el estándar aplicable a la función de representación. Los recursos y los ámbitos de acción posible para satisfacer intereses son escasos y, ante todo, no necesariamente compatibles entre sí. Con ello, dada la escasez de los recursos, todos los políticos se encontrarían en competencia entre sí por los insuficientes recursos para satisfacer a sus electores; toda posibilidad de colaboración, incluso al interior de una fuerza política, se esfumaría de entrada. Sin embargo, la lógica de la representación en todos los sistemas políticos se estructura en base a órganos colectivos, a saber, los partidos políticos y los parlamentos. ¿Cómo puede un órgano colectivo como un parlamento conciliar todos esos intereses? La expectativa va a resultar frustrada no sólo porque la medida en que se alcanzará el resultado deseado será demasiado baja, sino ante todo porque los electores van a ver que las formas institucionales de la representación son precisamente contrarias a esta idea de representación de derecho privado.

Algo similar sucede con la comprensión de los partidos políticos. Bajo esta idea de representación, el partido político debiera ser entendido como una organización de representación gremial o de clase, esto es, como una organización cuyo objeto es representar clases de intereses típicamente identificables. Esto es de entrada incompatible con la conformación primaria en torno a ideas políticas que caracterizan a los partidos, pese a que ciertas ideas se identifiquen más bien con ciertas clases sociales. El partido político deja de poder ser comprendido en su carácter político bajo el paradigma deformado de la representación y pasa a ser más bien algo así como un gestor colectivo de intereses. Pero incluso de asumirse esta concepción, la lógica de la representación individual chilena impide que ella pueda ser eficaz. Como los intereses a ser defendidos se especificarían para cada político que ocupa un cargo electo popularmente, ello produciría conflictos al interior de cada aglomeración política, haciendo sumamente improbable el cumplimiento de su función. Esto conduce a (ii).

(ii) Es una comprensión no política de la representación

Como ya hemos anticipado, la idea misma de partidos políticos, definidos por un conjunto de ideas, es enteramente ajena a la idea que hoy resulta obvia de representación. Si de lo que se trata es que el diputado sea eficaz en defender los intereses de sus electores, ¿por qué es relevante que tenga una «ideología»? De hecho, para representar esos intereses lo que uno esperaría es que el representante fuera lo más transparente posible, que tuviera ideas acerca de cómo actuar para defender intereses ajenos con eficacia pero precisamente que no tuviera ideas propias sobre lo que es justo o conveniente, porque esas ideas entonces interferirían con su labor de representar los intereses de sus electores: si de jugar a «El Teléfono» se trata, el mensaje debe ser transmitido con la menor distorsión posible, y un representante con ideas propias es precisamente «ruido». Esto es una manera de comenzar a mostrar cuán extraordinariamente insostenible es la idea de representación que hoy nos resulta obvia: no calza ni con las instituciones políticas que existen, ni con la idea de una política mediada por partidos.

La idea deformada mira a la representación como un mandato de satisfacción o defensa de intereses particulares. Pero la política no está organizada de ese modo de manera compatible con ella. La política funciona bajo la agrupación colectiva en torno a partidos y coaliciones. Pero si los parlamentarios deben satisfacer los intereses de sus electores, no puede esperarse de un parlamentario lealtad a su partido; la primera lealtad del político debiera ser con los intereses particulares que representa, por lo que cualquiera sea la idea política que intente realizar su «sector», él debería oponerse si ella afectara esos intereses; su función sería negociar que esos intereses se vean satisfechos. Esto no sólo crea engendros normativos, sino que hace que la coordinación política sea imposible.

Y a pesar de que están en contradicción con cuestiones fundamentales de las instituciones y prácticas de la democracia representativa, es común escuchar una y otra vez estas ideas. En efecto, en la tramitación de distintas leyes es normal escuchar que los parlamentarios trabajan ante todo en la defensa de los intereses de sus electores. Cuando se anunció la reforma tributaria, que incluía un alza de impuestos a las bebidas alcohólicas, el senador *de* la región de Coquimbo (oficialista) insistió constantemente en que se opondría a menos que se eximiera a los productores de pisco. El propio senador explicaba que hacía esto en defensa de los intereses de los productores de pisco de su circunscripción[30]. En esta forma de comportamiento puede advertirse una graduación de prioridades propia de la concepción deformada de representación que se ha configurado bajo la Constitución de 1980. En el ejemplo, el senador *de* Coquimbo asumía que satisfacer los intereses particulares de sus electores (evitar el impuesto al pisco) era su función principal, a la cual se subordinaba el interés de su coalición (Nueva Mayoría), a la que su partido pertenecía, en aprobar un proyecto importante, y el interés general en gravar la realización de actividades económicas que generen daños a la salud. El orden de prioridades de este senador era el siguiente: la pertenencia a un sector político y haber apoyado un programa ciertamente lo obligaban a apoyar la reforma en cuestión, y esto probablemente era asumido por el senador, pero esa obligación se encontraba subordinada a la satisfacción de los intereses particulares que representaba. Nótese que al generalizar este orden de prioridades (y no hay ninguna razón para pensar que este orden de prioridades no está generalizado, dado que se sigue de la comprensión de sentido común de la representación) la lealtad al partido político, a la coalición o al gobierno se hace imposible, a menos que sea comprada por medio de negociaciones con esos intereses.

Como se ve, la idea de representación de intereses particulares es ciega al carácter político de la representación y es ciega también al modo de funcionamiento general de la política. Ya hemos ilustrado

---

30 No puede ser descartado, por supuesto, que el interés de los productores de pisco defendido se debiera al financiamiento que éstos hayan prestado. Esto sería ciertamente más grave, pero es parte del mismo fenómeno, a saber, la creencia de que el político se debe en primer lugar a intereses particulares (en el mejor caso: de los electores de su región; en el peor caso: de sus financistas), porque representa esos intereses.

cómo ella se encuentra en tensión con la configuración misma de la política: si el parlamentario es un representante de intereses particulares, un plenipotenciario que los residentes en una zona del país envían a esa conferencia de plenipotenciarios que sesiona en el Congreso en Valparaíso, la existencia de un órgano colectivo de deliberación y la estructuración de esta en partidos políticos definidos por un conjunto de ideas no se justifica y resulta, en realidad, contraproducente. Los conceptos políticos mismos parecen ser disfraces que esconden la verdadera pretensión de toda acción política; la política sería la máscara bajo la cual se esconde el rostro oscuro de intereses irreductiblemente individuales.

De esta deformación del concepto de representación fluye un concepto deformado de la política y de sus instituciones: en vez de que la representación sea la construcción de una voluntad general interpretable y de que la política sea el lugar de desarrollo, pugna y realización de esa voluntad general, la política aparece más bien como el lugar de confrontación de intereses particulares, en el que el más poderoso o el más hábil negociador se sale con la suya. La única diferencia que habría entre la política y el mercado, donde cada uno defiende abiertamente sus intereses particulares, es que la política lo ocultaría todo tras un lenguaje cínico que apela al interés común, a la justicia, etc. Es decir, lo específicamente político de la política sería el engaño y la ocultación. Que el inevitable descubrimiento del «engaño» a partir de la ineludible frustración lleve a indignación, es algo que en estas condiciones no debiera sorprender a nadie.

La configuración de la representación bajo la Constitución de 1980

A partir de las aclaraciones anteriores, volvamos ahora al modo en que se encuentra configurada la representación en la Constitución de 1980, para terminar de entender el modo en que el problema constitucional se relaciona con la crisis de representación. Al hacerlo, entenderemos por qué la comprensión deformada ha probado ser irresistible y produce constantemente frustración. Esto será la confirmación final de que la crisis de representación es un problema constitucional y nos dará algunas luces sobre qué alternativas existen para superarla por medio de un cambio constitucional.

Como hemos visto, la idea de representación no fluye, o no solamente, de teorías y consideraciones abstractas, sino de prácticas e instituciones. En particular, las más determinantes son los partidos políticos y su regulación, el sistema electoral y, a partir de ello, el modo de conformación de los órganos representativos. En Chile, los órganos representativos se conforman por elección directa. En el caso del Presidente de la República –el que une funciones legislativas y de gobierno–, resulta elegido el ciudadano que obtiene la mayoría absoluta de los votos válidamente emitidos en la elección respectiva. Hasta la modificación del sistema binominal (en 2015, con efecto parcial desde 2018), la elección de parlamentarios operaba por elección directa de dos candidatos en cada distrito o circunscripción correspondiente. Eran, así, elegidos como diputados o senadores las dos más altas votaciones de los dos pactos electorales de mayor votación, a menos que el pacto electoral más votado doblara en votos al segundo. Ya hemos visto que el sistema binominal, que no descansa en ninguna interpretación democrática de una elección, era una de las trampas de la Constitución de 1980. Ahora lo que nos interesa es el *ethos* político neutralizado que surgió como consecuencia de las neutralizaciones constitucionales y la deformación de la idea de representación vinculada a ambos momentos.

El sistema binominal pasó a definir parte importante de la función de representación configurada bajo él. Y en particular, lo que eso significó es que la composición de las cámaras no daba cuenta de la distribución política nacional ni, mucho menos, podía generar correlaciones de fuerzas que respondieran a esa distribución. En vez de eso, sí permitía que un senador o diputado se entendiera a sí mismo como representante no de las ideas en virtud de las cuales había sido elegido, sino de los electores que habían votado por él. El sistema tendía, de este modo, a la destrucción del *ethos* político tradicional –el que entiende a la representación como representación propiamente política– y a la generación de un *ethos* político alternativo de representación de intereses particulares. Esto era reforzado por una de las características más evidentes de las campañas electorales bajo el sistema binominal sobre la cual ya hemos llamado la atención: para cada candidato su verdadero rival, el que podía impedir que alcanzara el cupo parlamentario por el que luchaba, era su compañero de lista y no los miembros de la lista contraria. Por eso, la campaña no tenía como tema central (salvo en casos excepcionalísimos) las diferencias políticas importantes entre ambas listas, sino las diferencias personales entre un miembro y otro de la misma lista. Esto reforzaba la idea de que la representación no era representación política, sino representación de derecho privado.

Como hemos visto, estas dos cuestiones están internamente correlacionadas: a un *ethos* de representación de intereses particulares corresponde la comprensión de la representación de derecho privado. Y la suma de ambas lleva necesariamente a la frustración, en la medida en que carga a los políticos elegidos con expectativas que no pueden cumplir.

En enero de 2015 fue aprobada una modificación al sistema electoral que promete revertir esta tendencia y contribuir a la recuperación de una comprensión propiamente política de la representación. Hay razones para ser moderadamente optimistas respecto de la capacidad de esa reforma de romper la neutralización que tiende sistemáticamente al empate. Sin embargo, ella no parece haber cambiado la concepción de la política y la representación que le subyace. Los cargos parlamentarios siguen estando vinculados a nombres y a distritos o circunscripciones. También la figura del Presidente de la República mantiene parte importante del peso de la representación. Está por verse si la reforma permitirá el surgimiento de prácticas políticas más adecuadas a su naturaleza, pero es innegable que, tanto a nivel parlamentario como de gobierno, ella seguirá vinculada a carismas y liderazgos individuales antes que a la representación de ideas políticas; a saber, de partidos políticos. El sistema político se sigue construyendo, de este modo, sobre la base directa del carisma personal. No debiera sorprender, por ello, que se critique que Chile, tal como otros países de la región, sólo conozca liderazgos «caudillistas» y no, en cambio, verdadera representación institucional. Las instituciones legadas por la Constitución de 1980 tienden directamente a ello.

Hacia una comprensión adecuada de la representación política

¿Es posible articular e institucionalizar (= constituir) un concepto de representación que no deforme a la política? Puede que el lector se muestre en este punto sólo parcialmente convencido por la crítica que hemos desarrollado. Tal vez pueda inmediatamente reconocer que lo que hemos denominado un concepto deformado de la representación (y, correlativamente, un concepto deformado de la política) es problemático y produce frustración. Pero, al mismo tiempo, puede que haga en este punto valer su escepticismo frente a la naturaleza mistificante de los conceptos políticos, ya que a la postre no existiría nada más allá de la representación de intereses individuales y de la política como arena de satisfacción de esos intereses. Los conceptos que tienden a utilizarse para expresar concepciones alternativas de la representación (conformación de la voluntad general, la voluntad del pueblo, etc.) y de la política darían cuenta de su falta de realismo por la misma semántica abstracta, inasible, con la que se expresan. Una idea alternativa de representación a nuestro escéptico le parecería ingenua, ajena a nuestro duro mundo.

Este escepticismo, sin embargo, es solo el resultado de que la idea deforme de representación ha devenido hegemónica entre nosotros. En la Tercera Parte intentaremos dar cuenta del modo en que puede articularse una idea comprensible de representación, lo que supone una práctica política sana derivada de arreglos constitucionales adecuados.

Capítulo 6
La disfuncionalidad de la Constitución de 1980

En los capítulos anteriores hemos revisado el modo en que la idea fundamental que animaba a la Constitución de 1980 −la neutralización del poder político con el objeto de limitar su capacidad de alterar arreglos políticos impuestos en dictadura− ha terminado por afectar el *ethos* político y contribuir a la generación de una práctica de representación deforme. Este capítulo pretende presentar el último estadio de la crisis constitucional. Desde la perspectiva de los autores de la Constitución de 1980, que la neutralización pasara de las reglas a la cultura y que ella produjera su propio lenguaje político deformado podría ser visto como un rotundo éxito, como un éxito, de hecho, más allá de sus expectativas más optimistas. Pero en la Constitución de 1980 hay otro problema, un problema que incluso desde la perspectiva de sus autores es grave: ha tendido a la generación de instituciones disfuncionales.

Para entender esto necesitamos volver a revisar ciertas ideas fundamentales. La constitución es el conjunto de decisiones fundamentales relativas a la organización del poder político. La cuestión central que determina, por ello, una constitución democrática es quién detenta y cómo se ejerce el poder. En los sistemas modernos, ambas cuestiones se ven determinadas mediante distribuciones de competencias cuyo objeto es asegurar no sólo la eficacia del poder estatal −esto es, que el ente improbable que es el Estado democrático tenga un poder real−, sino también conectarlo con la política democrática e impedir su deformación. Lo mínimo que puede esperarse de una constitución es que permita el desarrollo de prácticas políticas democráticas y dotadas de instituciones eficaces.

En este capítulo discutiremos la disfuncionalidad de la constitución, la razón por la que ella no configura siquiera un poder político eficaz. Este déficit de la constitución es distinto de los anteriores porque se trata de una patología que no puede haber sido querida por nadie, y que consiste en que las instituciones que necesitan tener poder de decisión se demuestran, en los hechos, impotentes. Esto es, la Constitución de 1980 ha constituido no sólo una práctica política neutralizada, un modo de vinculación con la política incomprensible o frustrante para el ciudadano y, a partir de ello, la apatía de este. Incluso en el mínimo que puede pedirse de cualquier Estado —configuración eficaz del poder y Estado de derecho— las instituciones han comenzado a mostrarse disfuncionales. Este es el tercer estadio de la crisis constitucional: desde un diseño constitucional ilegítimo por neutralizado pasamos a una práctica política en crisis en varios niveles, terminando en un tercer estadio con instituciones disfuncionales. Nos interesa revisar en este capítulo la incapacidad que demuestra el diseño constitucional actual en conformar un poder estatal democráticamente legitimado y eficaz y un Estado de derecho con un poder judicial independiente. Ello se encuentra directamente vinculado al problema de la representación; la imposibilidad de reconocer una práctica de representación política adecuada encuentra así su confirmación final.

La crisis del gobierno y del Estado

Aquí puede ser útil empezar revisando las múltiples expresiones de crisis del poder político que se han expresado en los últimos años. La caída sostenida en los índices de aprobación de prácticamente todas las figuras políticas con poder de decisión —empezando por la más relevante, la Presidenta de la República— es sólo un síntoma de un poder que no parece tener capacidad de actuar eficazmente. La tramitación de toda clase de proyectos de ley ha terminado en los últimos años, en general, con múltiples formas de resistencia al interior de la propia coalición que se supone es liderada por el Presidente de la República. Esto ha sucedido no sólo durante el segundo gobierno de Michelle Bachelet, sino que el mismo fenómeno tendió a repetirse constantemente en su primer gobierno –el origen de los «díscolos»– y luego en el gobierno de Sebastián Piñera. Por supuesto, esa resistencia no sólo se expresa al interior de los funcionarios políticos con poder de decisión, sino que la «distancia» de los votantes con la política es una demostración del mismo fenómeno. Expresado sintéticamente, en el sistema político actual no parece haber una institucionalidad que pueda generar la disciplina necesaria para una acción política eficaz.

Esto no debiera ser así, podría intentar argumentarse; la Constitución de 1980 prevé la existencia de órganos con un poder suficiente para hacer posible la disciplina política y el funcionamiento del poder del Estado. Si ello no ha tenido lugar en los últimos tres gobiernos, diría el argumento, es que las personas que han ejercido el cargo en cuestión no han tenido carisma o liderazgo suficiente. Después de todo, como veremos con más detalle, la Presidencia de la República es la principal instancia de representación de la voluntad política dominante y, por esto, la institución en cuestión debiera garantizar la disciplina política requerida para realizar la voluntad que ella representa. Si esto es así, la falta de capacidad de conducción, lejos de mostrar un déficit institucional, sería consecuencia de la incapacidad individual de quienes han ocupado los cargos relevantes. Pero esto es una explicación demasiado superficial para algo profundo. Los parlamentarios del mismo sector –¡en algunos casos incluso los propios ministros de Estado!– reclaman por la necesidad de liderazgo presidencial, mientras, al mismo tiempo, resisten ese liderazgo. La posibilidad de impulsar cambios políticos relevantes se demuestra así especialmente precaria: ella depende de una colaboración que no se encuentra garantizada y que, en los últimos años, más bien parece improbable o demasiado cara.

Esto podría ser considerado una paradoja por un observador poco atento: el sistema chileno se caracterizaría por un «presidencialismo extremo», esto es, por una supuesta concentración excesiva del poder político en la Presidencia de la República, no en cambio por falta de poder del Presidente. Pero si con «presidencialismo extremo» se quiere decir que el Presidente de la República tiene amplias facultades de realizar acciones políticas relevantes, o de mantener la disciplina política de modo tal que ello sea posible, los últimos años demuestran que esto es simplemente falso. Al contrario, el sistema chileno parece ser especialmente precario en posibilitar el despliegue eficaz de programas de gobierno. Quizás un liderazgo carismático pueda excepcionalmente revertir esta situación. Esta fue la promesa del segundo gobierno de Michelle Bachelet: ante la falta de disciplina política que la antigua Concertación había demostrado hacia el final de su primer gobierno, la estabilidad y disciplina vendría asegurada por el superávit de «sintonía» que ella tendría con la ciudadanía respecto del resto de la coalición, lo que sería el resultado de su carisma. Así, la indisciplina sería demasiado costosa para los políticos, ya que implicaría enfrentarse con la única figura con aprobación ciudadana. Pero esto no muestra más que las razones por las que un liderazgo que no depende de configuraciones institucionales, sino del carisma personal, es precario: la eficacia depende de que ese carisma no se agote, lo que puede ocurrir en cualquier momento. Es importante registrar el modo en que Bachelet perdió lo que tenía. A todo gobierno probablemente lo golpee en su capacidad de acción un escándalo político que afecte a su líder. Pero en Chile, a causa de la dependencia del carisma, el efecto fue mucho mayor: el gobierno perdió su capacidad de acción eficaz por completo después del estallido del caso Caval. Esto muestra que las formas institucionales no generan por sí mismas capacidad suficiente de acción política eficaz.

Por supuesto, si la tesis es que los problemas de eficacia del poder estatal se explican por las formas institucionales de su organización, debemos ahora revisar el diseño institucional de la Constitución de 1980.

Las decisiones fundamentales relativas al modo de ejercicio del poder

La tesis de este capítulo es que la crisis de gobernabilidad puede ser reconducida a la deficitaria configuración institucional de la Constitución de 1980. Si la pregunta es qué explica este déficit, la respuesta en definitiva está en la trampa constitucional. Pero solo en definitiva, porque lo que ahora estaremos discutiendo no es la consecuencia buscada por los responsables de la Constitución de 1980. Aquí reaparece una distinción que fue introducida en el Capítulo 2, entre problemas de diseño y problemas de pérdida de hegemonía.

El hecho de que hoy sea políticamente inaceptable lo que hasta 2010 no resultaba problemático muestra así un movimiento en las ideas políticas hegemónicas. Las consecuencias políticas profundas de la neutralización buscada ya han sido analizadas más arriba. Ahora nos interesa, en cambio, analizar las consecuencias no deseadas (es decir, que no es razonable asumir que forman parte de un diseño consciente) de la decisión deseada de neutralizar. En este sentido son problemas de diseño, porque el tiempo reveló que a causa del diseño se producen problemas que no habrían sido buscados. ¿En qué consiste este diseño?

El presidencialismo y la indisciplina política

La Constitución de 1980 contiene una primera decisión fundamental relativa a la organización del poder que puede ser denominada anti-parlamentaria (o, lo que es lo mismo, presidencial): con muy limitadas excepciones, ella priva al Congreso de prácticamente toda injerencia en la administración del Estado y en la conformación del gobierno. Ambos aspectos (que en términos generales pueden ser denomina-dos «función ejecutiva») se encuentran entregados, en cambio, al Presidente de la República, el que es elegido en una elección personal directa. La función de creación de normas generales obligatorias («función legislativa») se encuentra, en cambio, distribuida entre el Presidente de la República y un congreso con una conformación bicameral. El Congreso tiene facultades exclusivas de aprobación de los proyectos de ley, pero buena parte de la capacidad de iniciar proyectos de ley y, sobre todo, el manejo de la oportunidad y el orden de discusión, se encuentra actualmente entregado al Presidente de la República. Este tiene, además, injerencia en la aprobación de los proyectos, pudiendo vetarlos. El Presidente concentra, de este modo, el poder no sólo de la conformación del gobierno, sino que también en la iniciativa, el control de la agenda y la posibilidad de que las leyes sean aprobadas, es decir, buena parte de la función legislativa.

Esta decisión fundamental no es, por supuesto, reconducible sólo a la Constitución de 1980, sino que su origen se encuentra en una historia institucional que llega hasta la constitución de 1833 y que sólo fue acentuada en 1980. Por ello, esta primera decisión puede parecer evidente y sin alternativas. La regla general de las democracias occidentales fuera de Latinoamérica es, sin embargo, completamente distinta: el poder se concentra en el Parlamento, el que elige a un jefe de gobierno con facultades autónomas pero sujeto a su confianza. Bajo un sistema parlamentario, las funciones de gobierno y legislación se encuentran enlazadas de un modo directo, ya que el jefe de Gobierno y, con ello, máxima autoridad de la administración del Estado es, a su vez, parte del Parlamento y jefe de la fuerza política dominante en este. Su capacidad de acción no sólo gubernativa, sino legislativa, se ve de este modo asegurada: como se trata del jefe directo de la fuerza política dominante en el Parlamento, este tiene amplias capacidades de asegurar disciplina política. La conformación del gobierno no depende, en ese sentido, de la elección de una persona, sino de una fuerza política.

No hay nada, podría decirse, en la decisión fundamental de configurar el poder político en torno a una persona –como representante personalizado de una fuerza política– que impida crear un poder estatal eficaz. Después de todo, ello tal vez aseguraría de mejor manera la disposición a la realización de la idea política de un modo que las dificultades de transacción en un cuerpo político no lo permiten. Pero este argumento pasa por alto el hecho de que el Presidente no tiene la facultad de ejercer por sí mismo el poder legislativo, sino que se encuentra sujeto a la aprobación por parte del Congreso. El poder sólo es eficaz, en ese sentido, si es que el sistema contiene mecanismos que posibiliten esa colaboración. Este no es el caso: el Presidente puede vetar o controlar los tiempos de ejercicio de la función legislativa por parte del Congreso, pero no tiene mecanismo alguno de exigir su colaboración.

El poder político neutralizado y la representación irreconocible

Como hemos visto, el poder político se concentra en el Presidente de la República, pero este no tiene facultades para disciplinar a las fuerzas políticas cuyo concurso es necesario para realizar la voluntad política que representa, más allá de su carisma.

¿Puede sorprender a alguien que bajo una configuración de esta clase, el poder político manifieste falta de gobernabilidad, falta de eficacia, indisciplina y, en general, impotencia frente a la realidad? Cualquiera que sea la idea original que se encontraba detrás de esta configuración, en los hechos ella tiende a dificultar el ejercicio del poder político y, con ello, a contribuir a su neutralización. Ya sabemos, por supuesto, que la Constitución de 1980 pretendía justamente neutralizar lo político para asegurar que las decisiones fundamentales no sólo relativas a los procedimientos políticos, sino a las normas sustantivas, no pudieran ser modificadas. No es extraño, por lo mismo, que la configuración del poder estatal contribuya a producir el mismo efecto. Pero lo que nos interesa aquí es mostrar el efecto reflejo que ella produce en otros aspectos del poder estatal: un poder neutralizado no solo no puede realizar cambios sustanciales (esta es la neutralización buscada, la neutralización como decisión), sino que esta misma neutralización implica una organización sistemáticamente ineficaz, incluso cuando se trata de ejercicios de poder que no están orientados a impugnar o transformar el modelo (la neutralización lograda, la neutralización como cultura).

Así, el sistema político es especialmente lento y poco eficiente no sólo en legislar sobre materias políticamente sensibles desde el punto de vista del modelo neoliberal, sino también en materias completamente cotidianas y respecto a las cuales probablemente no tenga sentido buscar que el Estado sea ineficaz (un buen ejemplo de esta segunda ineficacia es seguridad ciudadana). En estos casos, el contenido de la legislación puede ser polémico y afectar intereses, pero ninguna fuerza política debiera pretender de entrada que no sea posible legislar eficazmente. Las razones de esta ineficacia son claras: cada proyecto de ley requiere impulso por parte del gobierno en dos cámaras sin aseguramiento de disciplina, las que asumen además una lógica de representación de intereses particulares y hacen exigencias conciliables con esa lógica para aprobarlos.

Este es el momento en que los problemas que afectan a la neutralización de la política y a la lógica de la representación se confunden, produciendo resultados indeseables incluso para quienes asumieron al principio que la política debía ser neutralizada. Porque una vez que el Congreso pasa a caracterizarse por su indisciplina respecto a la fuerza política liderada por el Presidente de la República y por una lógica de representación de intereses particulares, pasa a ser irreconocible para la ciudadanía el que el Estado en general actúe representando la voluntad política mayoritaria. La imagen es más bien la contraria: se trata de un Estado que no tiene mayor capacidad de acción, que no puede realizar la voluntad política mayoritaria en materias fundamentales, y que en la práctica de toma de decisiones cotidianas demuestra ser ineficiente y orientarse a la satisfacción de intereses particulares. Es decir, de una configuración del poder político que inevitablemente producirá su progresiva deslegitimación.

Exactamente como ha ocurrido.

La configuración irracional de la justicia constitucional

Pese a que los problemas de diseño que pueden reconocerse en la configuración del poder del Estado sean sumamente importantes y afecten, como vimos en la sección anterior, incluso a cuestiones centrales como a las funciones de gobierno y legislación, el ejemplo más conspicuo de un problema constitucional de diseño rayano en el absurdo se encuentra en la configuración del Tribunal Constitucional. Aquí las mismas diferencias que vimos anteriormente se reproducen: el Tribunal Constitucional se encuentra vinculado, en parte, con una lógica de neutralización buscada, pero su diseño ha llevado a resultados que seguramente no debieran ser queridos por ninguna fuerza política, a saber, que mandatarios políticos como son los miembros de este tribunal estén interviniendo sobre conflictos jurídicos ordinarios, pese a que la configuración de la jurisdicción pretende precisamente excluir algo así.

Como es probable que estas ideas no sean comprensibles de inmediato para quien no tenga conocimientos en las discusiones constitucionales, aquí es necesario detenerse brevemente en una explicación de lo que es Tribunal Constitucional antes de explicar en detalle el argumento.

Pese a que su nombre puede hacer pensar que se trata simplemente de «tribunales especiales», los tribunales constitucionales no son órganos jurisdiccionales. Ellos asumen, más bien, potestades más o menos amplias de revisión de la legislación. Como la acción política que se expresa en leyes aprobadas por un parlamento asume, en una democracia, el carácter de expresión de la voluntad popular, la posición de un tribunal constitucional es especialmente delicada desde un punto de vista democrático: un organismo sin legitimidad democrática asume potestades de determinación de lo que puede o no ser la voluntad soberana. Si esto tiene alguna justificación del todo, es porque la práctica busca garantizar y mantener un espacio de control de la deliberación política que al menos asuma una lógica de razonamiento distinta a la de la acción política, basada en el contenido de ciertos valores fundamentales básicos que no serían dejados a disposición de la acción política. Por ahora no nos interesa revisar si esto es posible ni cómo puede lograrse —esto es un tema de la Tercera Parte—, sino que se trata de demostrar que la justicia constitucional chilena es radicalmente contraria en su modo de funcionamiento a aquello que alega ser.

La condición mínima de funcionamiento de un sistema de justicia constitucional es que ella asegure funcionamiento y razonamiento ajeno a la lógica partisana de la política. La experiencia chilena se caracteriza, sin embargo, por seguir el camino exactamente contrario, más allá de toda la retórica de la relevancia de la «supremacía constitucional» y «protección de normas fundamentales» que tiende a escucharse de abogados y profesores de derecho constitucional. Así, ni las prácticas de nombramiento de ministros ni las prácticas de argumentación del Tribunal Constitucional han buscado desmarcarse de una configuración que pueda parecer ideológica o partisana, sino que ello ha ido progresivamente haciéndose más explícito, hasta ser verdaderamente impúdico, como veremos a continuación.

El estado actual de desarrollo de nuestra justicia constitucional —abiertamente partisana— es el resultado de los arreglos constitucionales a los que responde. Las reglas de nombramiento de sus miembros y el modo en que ellas han sido aplicadas por los organismos que intervienen en este han realzado su carácter político: hoy el Tribunal Constitucional es una cámara cuya integración es explícitamente política, ya que sus miembros, en su gran mayoría, llegan a ella después de una más o menos destacada carrera política como parlamentarios, funcionarios de gobierno o empleados o directivos de centros de estudios pertenecientes a partidos políticos.

Que esto ocurra no es una patología, como si fuera un resultado inesperado de las reglas que lo regulan. Al contrario, es el efecto normal que surge de las reglas relativas a esta designación. Así, el artículo 92 inciso primero letra b) de la Constitución de 1980 establece que cuatro de los diez miembros del Tribunal Constitucional son nombrados por el Senado (dos de ellos a propuesta de la Cámara de Diputados) con el voto conforme de 2/3 de sus miembros. En los hechos, 2/3 de los votos de los senadores en ejercicio sólo pueden lograrse mediante una negociación en la que cada uno de los cuatro partidos mayoritarios obtiene uno de los cuatro cargos a cambio de dar sus votos a los demás nombramientos. Cada designación, entonces, es *de* un partido político. Esto es público: el cupo del ministro Bertelsen o del ministro Letelier era de la UDI, así como el del ministro Vodanovic o del ministro Pozo era *del* Partido Socialista. Y entonces cada partido da sus votos a ciegas a quien el otro designe como *su* ministro, sin preguntar sobre su mérito académico o su condición de jurista (nótese que nosotros no estamos aquí manifestando opinión alguna al respecto: de hecho, solo estamos llamando la atención sobre el hecho de que la pregunta es enteramente irrelevante por ingenua). Pero lo hace a cambio de que los otros partidos voten igualmente a ciegas por *su* propio ministro, cuando le toque. La UDI vota sin hacer preguntas por Nelson Pozo o Hernán Vodanovic, el Partido Socialista vota sin hacer preguntas por Raúl Bertelsen o Cristián Letelier.

Si la pretensión es contar con un Tribunal Constitucional no partisano y que resuelva en base a puro conocimiento constitucional políticamente no implicado, este modo de funcionamiento debe parecer absurdo. Sin embargo, el discurso constitucional tiende a articular una explicación distinta a la que presentamos: como cada designación necesitará lograr el apoyo de 2/3 de los senadores, es decir, un respaldo que va más allá de su propio partido o «sector» político, los miembros del Tribunal Constitucional tenderán a ser «destacados juristas». Pero al igual que en el caso ya observado de los quórums contramayoritarios de aprobación de la ley, que se defienden con la retórica de los grandes acuerdos pero tienen el efecto precisamente contrario, en los hechos el efecto de esta exigencia de 2/3 es exactamente inversa a su retórica y completamente concordante con la lógica de funcionamiento de la política que se ha desarrollado con el Tribunal Constitucional.

La cuestión continúa. Como las designaciones prácticamente rotativas efectuadas por el Congreso Nacional no permiten dirimir nada sino que llevan al empate, en los hechos son los integrantes nombrados por otros organismos (tres por el Presidente de la República y tres por la

Corte Suprema) los que determinan cómo resuelve el Tribunal Constitucional. Esto es especialmente cierto en el caso del Presidente de la República: al tratarse de un cargo político en el que no compiten dos identidades políticas simultáneamente, sus nombramientos son hoy en día completamente partisanos. Esto es: a los presidentes les preocupa que los designados respalden al gobierno cuando necesitan ese respaldo y por eso recurren a funcionarios de su confianza.

En esto, la evolución que han tenido los nombramientos desde el 2005 es especialmente elocuente. En 2005, el presidente Ricardo Lagos nombró a su ex subsecretario del interior, Jorge Correa, como ministro del Tribunal Constitucional. Se trató tal vez de la primera designación de un funcionario de confianza del gobierno en relación a una coalición política. Pero Jorge Correa podía reclamar, al mismo tiempo, que él era un profesor de derecho constitucional y que asumía el cargo como un verdadero juez comprometido no con ideas políticas, sino con la corrección constitucional de sus decisiones. Así, cuando el Tribunal Constitucional tuvo que pronunciarse en 2008 sobre la constitucionalidad de un determinado modo de financiamiento del Transantiago, el ministro Correa votó en contra de la coalición de gobierno que lo había elegido, porque creía que él formaba parte de un tribunal donde lo que importa es el criterio jurídico. El resultado de esto fue previsible: cuando en 2009 su período expiró, el ministro Correa fue reemplazado por otro.

Como puede verse, los miembros del Tribunal Constitucional no son «expertos» en derecho constitucional que decidirán jurídicamente: el conocimiento constitucional y el compromiso con un modo de razonamiento determinado pasó más bien a convertirse en un obstáculo, porque podía significar en casos particulares que el ministro en cuestión no hiciera lo que requería la coalición o el partido que lo nombró. Para asegurarse que esto no ocurra, los nombramientos de sus miembros recaen ahora en ex parlamentarios, ex funcionarios de gobierno e incluso en operadores políticos. El nivel de impudicia que ha alcanzado, de este modo, la conformación del Tribunal Constitucional, seguramente resultaría escandaloso en otros contextos.

Pero en nuestro contexto ello responde en parte a una decisión de diseño: como el Tribunal Constitucional estaba ligado a la administración de las trampas tendientes a evitar la modificación del modelo en sus aspectos centrales, los nombramientos debían ser políticos. Todos los nombramientos son así abiertamente políticos y decisivos para establecer ventaja de la derecha o de la izquierda –o empate, ya que son diez miembros–, con estrecho margen, en la toma de decisiones que son cruciales para controlar ciertas decisiones políticas. Como es natural, ello lleva a que en toda cuestión políticamente sensible las coaliciones voten indefectiblemente en bloque, apoyando al sector que representan, y escondiendo esto (sin demasiado éxito) bajo pseudo-argumentos constitucionales. Lo que es sorprendente es que pese a la increíble impudicia que ha alcanzado la justicia constitucional chilena, la literatura y la práctica no parecen advertir el punto, o si la advierten, la ignoran. Los profesores de derecho hablan del Tribunal Constitucional usando una retórica de defensa de derechos fundamentales, de lo obvio que resultaría que un tribunal pueda imponer al legislador el resto de la constitución –la norma fundamental del sistema–, y declaraciones de esta clase. Pero se trata sólo de pseudo-argumentos constitucionales, porque si lo que decidiera los casos más importantes fuera el argumento jurídico, y si los miembros del tribunal fueran expertos en derecho, entonces uno esperaría que las decisiones del Tribunal Constitucional lograran algún apoyo mayor que la mitad de sus miembros. Pero cuando un caso da cuenta de un conflicto político significativo, los miembros del Tribunal Constitucional se alinean rigurosamente como bancadas. Por eso, la decisión sobre el administrador provisional y la de la ley de inclusión fueron cinco contra cinco, dirimidos por el voto del presidente del Tribunal Constitucional. Ninguna novedad.

Todo esto es, por cierto, algo que por su evidencia puede atribuirse a una intención de diseño original: el Tribunal Constitucional era en su diseño original un tribunal de control político con tendencia a la politización. En el año 2005, esta decisión se mantuvo en lo esencial inalterada, con lo que con el tiempo el diseño fue dando el fruto que podría esperarse de él. Como su función es servir de tercera cámara en que un proyecto de ley puede terminar por caerse, sus nombramientos son ahora impúdicamente asociados a lealtad con la coalición o partido que lo nombra.

Lo que, en cambio, no parece haber sido advertido por nadie –y aquí es donde puede notarse disfuncionalidad y deformación institucional–, es que el Tribunal Constitucional no ejerce sólo potestades de control legislativo, sino también ciertas potestades típicamente ligadas a la jurisdicción. En toda clase de litigios ordinarios, el Tribunal Constitucional puede controlar la constitucionalidad de la aplicación de normas que resulten pertinentes. En efecto, desde la reforma constitucional de 2005, el Tribunal Constitucional tiene competencia para intervenir, a través del requerimiento de inaplicabilidad por inconstitucionalidad, en cualquier juicio pendiente: hoy, en principio, cualquier parte puede requerir la intervención del Tribunal Constitucional en cualquier asunto judicial.

Dada la politización extrema del modo de funcionamiento y designación de los ministros del Tribunal Constitucional, ello implica que actualmente están decidiendo causas judiciales ordinarias ministros que llegaron al cargo que ocupan por haber sido asesores del segundo piso, ministros de Estado, operadores políticos y militantes de partidos políticos. Es difícil imaginar una intervención más considerable con la independencia judicial que la creación de un recurso que permite llevar cualquier causa desde un tribunal a una cámara política.

Como hemos visto que ha sucedido, esta cámara puede decidir si el Ministerio Público puede o no continuar investigando un determinado delito o si debe suspender su investigación por un tiempo; o si la Fiscalía Económica tiene o no el deber de entregar a la Fiscalía Nacional ciertos antecedentes vinculados con un caso de colusión; o cuestiones mucho más cotidianas (pero extraordinariamente sensibles para las partes) relativas a conflictos normales. Estas cuestiones, que en un Estado de derecho serían solucionadas mediante la aplicación de la ley por parte de un tribunal imparcial, hoy son decididas por una tercera cámara, por una cámara cuyos miembros deben sus cargos al hecho de haber sido funcionarios o parlamentarios leales a un proyecto político determinado.

Esto no es trivial. La función jurisdiccional –la resolución de los litigios por parte de tribunales– es ejercida en nuestro ámbito por jueces profesionales sujetos a un estatuto normativo cuyo objeto es asegurar su independencia frente al caso, de modo tal que solo la aplicación correcta del derecho influya en la decisión. La legitimación de la decisión jurisdiccional proviene de ese diseño. Pero la lógica de conformación y funcionamiento del Tribunal Constitucional es la exactamente inversa: pura designación política instrumental, esto es, designación de quien se vaya a mostrar leal a los intereses políticos de quien lo designa, cuestión que se comprueba en cada votación de asuntos sensibles.

El diseño constitucional del Tribunal Constitucional es, en ese sentido, sencillamente desastroso: el cumplimiento de su función supone una lógica no política o de inserción en diálogo político no partisano, pero el Tribunal Constitucional chileno es puro partisanismo. Y los mandatarios de las coaliciones políticas además están decidiendo asuntos particulares de los ciudadanos, asuntos que en un Estado de derecho han de ser decididos imparcialmente.

Tercera parte
El objeto de la demanda por una nueva constitución: la configuración de la política y de las instituciones acorde con el principio democrático

La Tercera Parte de este libro no se centra, como las dos anteriores, en la explicación del problema o crisis constitucional, sino en aquello que un proceso constituyente democrático debe tender a hacer. Es decir, ya no se trata de la explicación de las razones y las condiciones por las que vivimos en una crisis constitucional, sino de los elementos centrales en la configuración de una constitución que supere esos problemas. Como ya hemos identificado el problema como uno de neutralización en diversas formas, lo que se juega en el proceso constituyente no es nada más (ni nada menos) que la instauración de una constitución democrática que configure un poder que pueda ser eficazmente desplegado y por cuyo despliegue alguien se haga responsable. Entender cómo ello es posible exige, de este modo, explicar el sentido y la forma que pueden tener instituciones realmente democráticas.

Para dar cuenta de las ideas generales que deben animar a la configuración de un poder democrático eficaz, es necesario, en primer lugar, contar con comprensiones no deformadas de los conceptos y prácticas cruciales de la democracia. Ello exige dar cuenta del sentido y de las condiciones en que puede constituirse una representación política que pueda reclamar verosímilmente ser democrática. Los capítulos 7 y 8 se hacen cargo de esta tarea: ellos explican, en primer lugar, qué condiciones debe cumplir, en abstracto, una práctica no deformada de representación democrática y luego el modo en que ello se institucionaliza en la configuración de las reglas del sufragio, partidos políticos y deliberación legislativa.

En el capítulo 9 se trata, en cambio, de revisar la configuración que puede tener la organización y competencias generales del poder público en una definición constitucional. Aunque los problemas que se plantean en esta parte no se limitan a ello, en este capítulo nos concentraremos en mostrar el modo en que puede conformarse un poder político eficaz que se encuentre estructurado siguiendo una lógica de representación democrática comprensible y que puede además dar cuenta de diferencias regionales.

Capítulo 7
Representación democrática

Introducción

En una democracia representativa, la configuración de un poder democrático implica, ante todo, posibilitar la generación de una práctica de representación democrática que sea comprensible. Por eso, los problemas de representación son problemas constitucionales básicos. Como hemos visto en la Segunda Parte, la Constitución de 1980 no ha posibilitado el surgimiento de una práctica de representación política democrática que sea comprensible, sino que ha tendido más bien a la generación de una práctica deformada. Nuestras prácticas políticas han pasado, en ese sentido, a ser incomprensibles como prácticas de representación democrática.

Nuestra pretensión, en este contexto, es dar cuenta en primer término de qué puede ser una práctica de representación democrática que resulte comprensible. Lo primero, entonces, será explicar el lenguaje de la tradición democrática, de modo de poder articular una comprensión no deformada de la representación. Esto requiere de cierto esfuerzo explicativo: en nuestras condiciones políticas actuales, los conceptos sobre los que se articula el lenguaje de la democracia parecen hacer referencia a un conjunto de mitos y leyendas, fórmulas que exaltan ideas inasibles (soberanía popular, voluntad soberana o pueblo) con la finalidad precisa de esconder su irrealidad.

Esta aparente falta de realismo es, de hecho, una proyección de la deformación, la que como hemos visto identifica la falsedad y el engaño como lo específicamente político de lo político. La deformación y la aparente manifiesta falsedad del lenguaje de la democracia son dos caras de la misma moneda. Por eso, como decíamos al principio, en nuestras condiciones actuales asume la carga de la prueba quien quiere mostrar la plausibilidad del lenguaje de la tradición democrática y no, en cambio, quien la niega. En esta Tercera Parte queremos asumir esa carga: como la democracia representativa no es comprensible sin la clase de conceptos que ha tendido a deformarse, es crucial dar cuenta de su sentido no deformado con el objeto de recuperarlo.

Ahora bien, para entender en qué consiste la representación democrática debemos entender las instituciones que la realizan, ya que la representación es una idea artificial. Es artificial en el sentido de que ella no es comprensible sin normas e instituciones que la realicen; ella no tiene ninguna instancia bruta o natural en la que se asiente. Por ello, la representación necesita verse constituida por medio de dispositivos institucionales generales, los que a su vez posibilitan el funcionamiento normal del sistema democrático: entender la idea de representación es entender el modo en que ciertos arreglos constitucionales permiten reclamar la existencia de un vínculo suficientemente intenso entre el funcionamiento del poder político y la ciudadanía. Explicar este vínculo es explicar la representación democrática. Pero antes necesitamos superar ciertos equívocos que ya nos habían enfrentado en la Segunda Parte.

La representación democrática

La representación es una idea consustancial a la democracia moderna, ya que es un reflejo de la idea también característicamente moderna de la soberanía popular y de la ley como voluntad del pueblo. Fruto de la misma deformación que hemos discutido en la Segunda Parte, esta relación necesaria entre democracia y representación tiende a ser desconocida en el discurso actual. Se suele oponer a la democracia «representativa» una alternativa superior, la democracia directa o «participativa». Esta ininteligible oposición[31] cuenta con dos versiones.

---

31 Nótese con cuidado que la ininteligibilidad de la idea de democracia directa («participativa») no es la ininteligibilidad de la distinción directa/indirecta cuando se trata de caracterizar formas institucionales de decisión política. Esto es perfectamente razonable. Lo que es ininteligible es una idea de democracia sin representación, como será explicado en lo que sigue.

En la primera, la idea de democracia aparece fundada en la idea de que la voluntad del pueblo preexiste, como un hecho bruto, a las instituciones democráticas y que el sentido de esas instituciones es identificarla con la menor interferencia posible. Ello parece ser hoy de sentido común y, por ello, se asume que la democracia representativa es una solución a lo que las circunstancias nos obligan, que si no fuera por esas circunstancias podríamos tener la versión verdadera de la democracia, la democracia directa, la determinación no deformada por intermediarios de lo que «el pueblo» quiere frente a cada decisión relevante. Frente a eso, la democracia representativa sería una solución defectuosa, que se justifica sólo en la medida en que es imposible recurrir a la solución ideal (que sería la democracia directa). Por supuesto, si lo anterior es correcto, entonces cada paso que pueda darse en la dirección de eliminar la representación y aumentar la expresión directa de la gente debiera ser dado y celebrado.

En su segunda versión, la voluntad del pueblo no preexiste a la representación simplemente porque no hay pueblo, sólo voluntades individuales que deben ser representadas de la mejor manera posible. Como hemos visto, la representación opera con la lógica de derecho privado bajo esta comprensión: los electores delegan sus facultades de decisión en un número determinado de personas, cuya función consiste en expresar la voluntad delegada. La razón que justifica esta delegación es que es difícil, si no imposible, coordinar directamente los intereses de todos los electores. Por eso, en esta comprensión la democracia representativa es aceptable sólo en la medida en que la democracia directa sea imposible o muy difícil. Si la democracia directa es posible, en esa misma medida la democracia representativa debe ser abolida. Esta es la ilusión que se encuentra detrás de la idea deforme de representación: que en la representación hay un mandato cuyo objeto es simplificar el funcionamiento de la expresión de la voluntad de cada uno –cuya suma constituiría a la voluntad general– y así permitir una forma deficitaria, pero realista, de democracia.

Ambas comprensiones de la representación política son incorrectas. La razón por la que estas dos comprensiones son erradas se encuentra en lo que es común a ambas: la idea de que la representación política supone algo preexistente que ha de ser representado (sean intereses o preferencias particulares, sea un pueblo definido por sus características naturales). En ambos casos, las prácticas que se generan son incompatibles tanto con la dimensión de determinación colectiva de la política como con la idea misma de democracia. La representación no es un modo deficitario de constituir una voluntad común frente a su alternativa pura constituida por la democracia directa. La representación tiene por objeto la constitución de una voluntad general por la vía de generación de voluntades políticas y chequeo constante por referencia a la voluntad dominante.

Por supuesto, al decir que es un error entender que la democracia «directa» es una alternativa superior a la democracia «representativa», de modo que ella es preferible cada vez que sea en los hechos posible, no estamos diciendo que cada modalidad de participación directa debe ser siempre rechazada. Esto es evidentemente absurdo, porque frente a cada posibilidad institucional de decisión por participación directa de la ciudadanía habrá que evaluar su conveniencia o inconveniencia. Hay formas tradicionales y otras más recientes y novedosas de participación directa, como los plebiscitos en el primer caso y los presupuestos participativos y el referéndum revocatorio de ley, en el segundo. Todas estas posibilidades debieran ser debidamente consideradas en una asamblea constituyente, y tal vez en nuestra época sea necesario aumentar la intensidad de los mecanismos participativos. Pero es importante distinguir entre la inclusión de mecanismos de participación directa que en nuestras condiciones actuales favorezcan el desarrollo de una política democrática, y una democracia que se constituya sobre la base de consultas constantes a los electores sobre sus preferencias individuales. Al igual que en la idea deformada de representación, esta última desconoce la naturaleza política de la democracia, y no es atractiva ni siquiera como un ideal.

La representación sin intermediación

Si el problema es la idea de representación como intermediación, la solución es entender la representación de un modo que no consista en intermediación. En el surgimiento de las democracias modernas esta idea era central al discurso de construcción de un orden democrático. Ello puede apreciarse en la siguiente cita a un discurso de Edmund Burke de 1774, que ofrece una de las primeras formulaciones de la idea moderna de representación:

el Parlamento es una asamblea deliberativa de una Nación, con un interés, el del todo; en la que no deben prevalecer propósitos ni prejuicios locales, sino el bien general, que resulta de la razón general del todo. Vosotros elegís a un miembro; pero *una vez que lo habéis elegido, él no es un miembro de Bristol, sino un miembro del Parlamento*[32].

Una fórmula similar se encuentra a su vez en la constitución Francesa de 1791:

Los representantes nombrados en los departamentos no serán representantes de un departamento en particular, sino de la Nación entera, y no se les podrá dar ningún mandato (secc. III, art. 1°, N° 7 constitución de 1791).

Ambas citas insisten sobre la misma idea: que la representación es representación de la Nación, no representación de ciudadanos particulares y ni siquiera de regiones específicas. De esta forma, la función del representante no es intermediar, llevando de la manera menos distorsionada posible los intereses que existen y se forman de manera externa a la discusión política. Ahora la función del representante es identificar lo que constituye el interés general participando de un procedimiento que hace probable su emergencia en un contexto atravesado por intereses particulares.

Porque este es el problema: si la voluntad del pueblo es lo que va en el interés general, ¿cómo puede ser identificada en condiciones de conflicto de intereses, heterogeneidad de opiniones e incluso de identidades? Pese a mucha caricaturización absurda, quien formuló la idea de voluntad general notó, al mismo tiempo, que su identificación era improbable. Rousseau decía que sería necesario que hubiera dioses para dar leyes a los seres humanos[33]. Esto quiere decir: para hacer leyes, es necesario determinar qué es lo que va en el interés general. Pero hay que hacerlo en un contexto en que todos los que pretenden hacerlo tienen intereses particulares, y en el que cualquier decisión, incluso la que atiende al interés general, de hecho servirá

---

32 Burke, E. *Discurso a los electores de Bristol* (1774).

33 Rousseau, J. J., *Contrato Social*, 63.

al interés particular de alguien, porque, como dijo Gramsci, «siempre que se hace algo, se está haciendo el juego de alguien»[34].

Lo que todo lo anterior quiere decir puede ser expresado invirtiendo los términos, lo que es una manera habitual de hacer patente un significado político cuando por exceso de familiaridad lo hemos perdido. Así, la idea de que la ley es la voluntad del pueblo puede expresarse diciendo: «pueblo» es aquello cuya voluntad es la ley. Es decir, lo que define al pueblo no es una característica natural, pre-política, sino su capacidad de actuar, de tener una voluntad, que se articula institucionalmente en la ley. La voluntad del pueblo es, entonces, una voluntad purgada de intereses particulares.

Por eso hay una continuidad en este sentido democrático de «pueblo» y su sentido, podríamos decir, sociológico, uno que todavía es posible reconocer en algunos de los usos lingüísticos que rodean a esa palabra: «pueblo» quiere decir «pobre», o en un sentido más genérico, «pueblo» son los que carecen de lo que sea que es el criterio socialmente validado de distinción: en la revolución francesa la burguesía (sin títulos nobiliarios), después el proletariado (sin propiedad ni instrucción), etc. Nótese que en estos casos «pueblo» se caracteriza inicialmente por negatividad. La idea democrática vincula estos dos conceptos.

Pero no los vincula de modo directo y obvio, porque no implica que quienes carecen de distinción tienen más voto que los demás. Los vincula institucionalmente: la manera en que se identifica la voluntad del pueblo es por sustracción, es decir, por la vía de procedimientos que hagan probable la purga de intereses particulares y el reconocimiento de una voluntad que pueda ser considerada común. Como el interés del pueblo emerge de la discusión pública, no puede decirse que la representación intermedie, que sea el vehículo para que algo (un interés) llegue de un punto a otro. La discusión pública y los procesos legislativos son por eso a veces caracterizados como procesos de formación (nótese: no de transmisión) de la voluntad política (es decir: del pueblo).

A lo anterior podría objetarse lo siguiente, en defensa de la idea deformada de representación: lo que en el argumento comenzó

---

34 Gramsci, A, «El partido político» en *Antología*. Selección de Manuel Sacristán (México, Siglo XXI editores, 1970), p. 350.

siendo la voluntad de sujetos realmente existentes (los individuos que conforman el grupo de los que «no tienen») terminó siendo una pura idea, un «constructo», mediante el cual la voluntad de los sujetos que realmente existen es dejada de lado a nombre del «pueblo», que ahora no es sino una entelequia. La idea de representación como intermediación, precisamente porque es representación como intermediación, retiene la idea de que la voluntad del pueblo no es una entelequia, es voluntad de seres humanos realmente existentes. Sin embargo la objeción yerra el blanco, porque la regla de mayoría y la legitimación democrática por sufragio universal implican precisamente que la discusión pública ha de ser decidida por apelación al juicio político de seres humanos realmente existentes.

De esta forma, la representación política es inherente al concepto de democracia, porque sólo por vía de la representación es que el pueblo puede llegar a constituirse como tal. Lo cual quiere decir: la democracia moderna es inherentemente representacional. La existencia del pueblo, en tanto sujeto político que gobierna, emerge a través del proceso de representación.

Nótese que el último paso es central: la representación se constituye en un proceso que es irreducible a una intermediación particular. La representación política tampoco supone asumir una perspectiva ideal o un punto de vista arquimediano, como si *pueblo* no fuera más que un nombre. La representación política no es un acto aislado en el tiempo y en el espacio en el cual cada representante, en su mente, imagina un pueblo al que representa. La representación política es un proceso que se desarrolla en el tiempo a través de prácticas políticas, instituciones y en sucesivas etapas. Es el fin que subyace al conjunto de instituciones políticas que se articulan bajo el principio democrático: la representación política sólo es posible cuando las instituciones políticas operan acopladas unas a otras como si fuesen una cadena. Los ciudadanos se organizan en fuerzas políticas que representan (del modo más fiel posible) su concepción de aquello que va en interés de todos; las elecciones determinan la correlación de las fuerzas políticas y la voluntad política dominante; y la política del grupo dominante se encamina a realizar esa voluntad. Así el ejercicio del poder político puede ser imputado al pueblo, o más precisamente, el ejercicio del poder político hace posible la construcción del pueblo.

Ese poder político requiere, por ello, de la generación de prácticas institucionalmente determinadas que den cuenta de una idea de representación. En un proceso constitucional, lo que se juega es el modo en que se diseña el desarrollo de esa práctica. Y en ella influyen tres clases de arreglos centrales: la determinación de la ciudadanía por la vía de la regulación del sufragio; los partidos políticos; y la generación de reglas que permitan constituir a la voluntad general de modo tal que ella sea obligatoria. En el capítulo 8, revisaremos la forma que pueden adoptar estos arreglos.

Capítulo 8
El proceso de representación política y la construcción de la voluntad del pueblo

Hasta ahora sólo hemos depurado nuestra comprensión de la representación política por la vía de dar cuenta de su carácter no intermediador. Así, «representación política» designa al conjunto de los arreglos que hacen posible generar una práctica de constitución de leyes (y de otras clases de normas) que sean expresivas del interés general.

En la historia institucional de las democracias occidentales, la conformación de ese interés general ha dependido, en lo esencial, del juego de dos factores: la configuración de la ciudadanía como determinación de la identidad de la comunidad (de la «nación») que debe ser representada y la determinación de las interpretaciones dominantes (o con pretensiones de tal) sobre el interés general de esa comunidad.

En ese juego, la idea de representación política era ciertamente mucho más fácil de estructurar en los comienzos de la modernidad que hoy. La razón es evidente: si bien la sociedad distaba de ser homogénea e igualitaria, la comunidad política que los parlamentos representaban era reducible exclusivamente a la aristocracia, en un primer momento, y luego a la burguesía. Esta reducción de la comunidad (y de la «ciudadanía») a una clase implicaba una reducción de complejidad en la determinación del interés de esa comunidad: a menor heterogeneidad, mayor superposición de comprensiones comunes.

Esto no quiere decir, por cierto, que en una comunidad de nobles o en una comunidad de propietarios, el conflicto se encuentre excluido. La burguesía industrial podía así, por ejemplo, encontrarse en conflicto con los comerciantes y pretender que la nación impusiera tarifas a los productos importados, de modo tal de darle tiempo a su industria para asegurar competitividad frente a productos provenientes de naciones más industrializadas. Ese mismo interés era resistido por los comerciantes y por las regiones o clases que debían comprar bienes encarecidos. Por su parte, las comunidades de propietarios de regiones alejadas de los centros urbanos dominantes podía reconocer un interés general en fragmentar el poder y evitar que un Estado central tuviera competencias sobre sus regiones, mientras que otros miembros de la comunidad podían ver en esa configuración del poder una necesidad de eficacia para racionalizar recursos y aumentar el bienestar general (o el poder militar externo).

Esto es: pese a la identificación de la ciudadanía (y de la «comunidad») con lo que a grandes rasgos podía considerarse una clase, la dispersión de ideologías e intereses hacía necesario contar con procedimientos para determinar cuál de ellos representaba a la nación. Con ello, la constitución de un poder democrático necesitaba del surgimiento de partidos que pudieran representar adecuadamente los intereses e ideas típicamente asociados a grupos (propietarios) en conflicto. La democracia moderna temprana manejaba, de este modo, el funcionamiento de la representación por medio de una relativa exclusión de lo heterogéneo y por constitución de intereses y voluntades políticas dominantes al interior del grupo que conformaba a la ciudadanía.

Lo anterior es un punto enteramente central en la comprensión de cualquier forma de representación: la representación implica la identificación de voluntades o ideas políticas extensas y pertinentes para los miembros de la comunidad que son reconocidos como ciudadanos, su corporalización inicial en partidos políticos y, a partir de la acción política y de los resultados de dichas acciones, la conformación de fuerzas dominantes de gobierno. Su extensión depende, por ello, de la verificación de los grupos sociales incluidos y excluidos de la ciudadanía, de las ideas que en esa conformación pueden considerarse en conflicto y del modo en que se relacionan entre ellas.

Ello también puede observarse en la evolución posterior de la democracia representativa. Desde la segunda mitad del siglo XIX en adelante, pero con especial intensidad en las primeras décadas del siglo XX, la relativa homogeneidad del parlamentarismo se rompió por la vía de la universalización de la ciudadanía (adulta) a partir de las luchas de las clases desposeídas. Así, los que no tenían propiedad en Chile fueron excluidos del voto hasta que en 1888 se abolió el voto censitario, las mujeres fueron excluidas del voto hasta que en 1949 hubo sufragio femenino, los analfabetos fueron excluidos del voto hasta 1970. En cada uno de esos momentos se amplió la ciudadanía. Ese proceso, ciertamente, implica una natural extensión de las ideas e intereses relevantes que influyen en la conformación de la democracia, cuya natural corporalización se produce en el surgimiento y transformación de los partidos políticos: desde las disputas entre conservadores y liberales o federalistas y unitaristas, hasta su reemplazo por medio del surgimiento de partidos de los trabajadores.

La descripción anterior sólo pretende poner de relieve un punto: si la representación no es más que el conjunto de los arreglos institucionales que hacen posible reconocer una voluntad general en las decisiones políticas más relevantes, entonces el primer paso para su comprensión (y adecuada constitución) en las democracias modernas depende de la definición de la ciudadanía, de los partidos políticos y del modo en que a partir de su competencia política identifican ideas dominantes. De lo que se trata a continuación, por ello, es de revisar estos tres aspectos.

Sufragio

Como hemos visto, la representación política tiene por objeto identificar la voluntad política de la comunidad (en la tradición democrática el nombre habitual para esto es: el pueblo), no agregar intereses privados. Al votar, cada ciudadano contribuye a una práctica de identificación de un interés común. Por esta razón, hay un interés general en que todos participen.

En efecto, la comprensión de la relevancia del sufragio es crucial en un proceso constituyente, porque es el primer paso en la configuración de la voluntad del pueblo y, con ello, de la democracia. Y esta relevancia se incrementa dada nuestra situación actual, en que a una comprensión deformada de la representación le sigue, como hemos visto, una comprensión deformada del voto.

La historia del derecho a sufragio en Chile durante el siglo XX es una historia de progresiva lucha por su ampliación y universalización. El reconocimiento cada vez más incondicional del derecho a voto a todo adulto fue un proceso de lucha política por el que pasaron todas las comunidades políticas durante los siglos XIX y XX. En Chile, la historia comienza con el sufragio universal masculino (mediante una reforma constitucional en 1888), que suprimió el sufragio censitario, y continúa con el voto de las mujeres (1931 y 1949), el de los ciegos (1969), el de los analfabetos (1970), el de los mayores de 18 años pero menores de 21 (1971), el de los militares (desde 1990) y el de los chilenos en el exterior (2015).

La ampliación del derecho a sufragio no fue sólo una extensión del derecho a votar, fue también una ampliación real del número de votantes, lo que por su parte fue efectivamente estimulado mediante decisiones políticas. Y aquí es útil recordar el origen de la regla que hacía obligatorio el voto. Ella data de 1962, cuando la ley 14853 hizo obligatoria la inscripción electoral. Ello fue parte de la ampliación del sufragio en Chile, y tuvo un efecto inclusivo inmediato. Así, en la elección parlamentaria de 1961 sólo estaba inscrito el 47% de quienes tenían derecho a votar. Votaron alrededor de 1,3 millones de personas y la abstención fue del 27%. En la elección presidencial de 1964, por su parte, estaba inscrito el 71%, votaron alrededor de 2,5 millones de personas y la abstención fue de 13%. La tendencia continuó: en 1970 estaba inscrito el 72%, votaron 3 millones de personas y la abstención fue de 22%. Y en la elección parlamentaria de 1973 estaba inscrito el 80,6% de los que tenían derecho, votaron 3,7 millones de ciudadanos y la abstención fue de 18%.

Sin embargo, hoy en día, cuando ese proceso de lucha y aprendizaje parecía completo, hemos comenzado a retroceder. Dicho retroceso es consecuencia de una progresiva incomprensión del voto y el derecho a sufragio. El sufragio como institución ha comenzado a tornarse irrelevante y a perder su sentido.

Nosotros ya sabemos, negativamente, por qué ello ha tenido lugar: porque las instituciones se han constituido de un modo ininteligible y deformado y ello no puede sino generar frustración. Es justamente este camino el que hace necesario volver atrás y contraponer la idea deformada de sufragio y ciudadanía con una idea compatible con la democracia moderna. Ello exige volver sobre preguntas tales como ¿por qué es importante el sufragio? ¿Qué rol juega en nuestras democracias representativas?

El sentido del sufragio es deformado cuando se lo entiende como la expresión de asentimiento frente al poder del Estado. Así, bajo esta visión deformada las elecciones constituirían meramente una expresión de «consentimiento» de los ciudadanos para que quienes gobiernan tomen decisiones en su nombre. El sufragio también es deformado cuando se lo entiende como un medio para elegir un agente para que gestione y defienda en la esfera política ciertos intereses privados.

Nótese la conexión entre estas deformaciones del sufragio y las ya discutidas de la representación: si la representación es identificación del líder con el pueblo, el sufragio es asentimiento (como gritar «¡Sí!» en la asamblea); si la representación es gestión de intereses particulares ajenos, el sufragio es el modo en que se hace el encargo. Pero en la comprensión democrática que estamos intentando explicar, el sufragio no es ni consentimiento ni encargo: el sufragio es el primer eslabón en la construcción política del pueblo que la democracia representativa supone. El sufragio le entrega al ciudadano un poder/competencia para participar directamente en dicha construcción, para manifestar su propia comprensión respecto a las ideas que deben realizarse políticamente. En nuestra situación actual, en cambio, es la idea del sufragio como encargo la que resulta hegemónica (porque, por cierto, es la idea del sufragio que corresponde a la comprensión deformada de la representación política, como representación de derecho privado). Y, como hemos visto, ella no puede sino llevar al desencanto y a la indignación.

Dada la relevancia del sufragio en la construcción de una voluntad colectiva cuesta entender por qué habría de ser voluntario. El principal argumento fue, como se recordará, que el voto era un derecho, y que si era un derecho, no podía ser un deber. Examinar este argumento es instructivo, porque al hacerlo con cuidado veremos cuáles son sus supuestos que pueden haber sido ignorados incluso por quienes defendían este argumento.

¿Es verdad que si algo es un derecho, no puede ser un deber? La idea tiene plausibilidad: los derechos son formas legales de protección de la autonomía y la libertad de las personas, y esa libertad se manifiesta en que el titular del derecho puede decidir si invocarlo o no frente a otros. El dueño de una casa tiene derecho a que nadie entre en ella sin su autorización, pero ser dueño precisamente incluye la potestad de decidir si reclamar o no ante el ingreso que, sin estar autorizado, una persona ha hecho.

Esta idea de que los derechos protegen una esfera de autonomía y libertad del titular en atención al interés del titular mismo ¿es parte de la definición de derecho, de modo que decir que alguien tiene un derecho implica decir algo del interés de ese alguien?

La respuesta es negativa. Lo normal es que la ley cree estas esferas de autonomía y libertad para proteger un interés del propio titular del derecho, pero esto no quiere decir que siempre sea así. A veces la ley da un derecho a una persona pero para proteger intereses distintos del de esa persona. El caso más obvio es el del derecho de los padres a educar a sus hijos: los hijos no pueden ser vistos como instrumentos para la realización de los padres. Pero hay otros. La ley da a los directores de sociedades anónimas derecho a informarse de la marcha de la sociedad. Una analogía con el fútbol tal vez permita ilustrar de mejor modo la idea: el entrenador de fútbol también tiene derecho a dar instrucciones a los jugadores y ello significa, en la práctica del fútbol, que los jugadores están obligados a seguir estas instrucciones. Todos estos casos son inusuales, porque el interés que el derecho protege no es (o al menos no es tan sólo) un interés del mismo titular del derecho. Se trata, sin embargo, de derechos, porque en los tres casos hay una esfera de libertad protegida: ante la interferencia de un tercero, los padres pueden invocar su derecho, así como lo puede hacer un director ante un gerente reacio o un entrenador ante un jugador rebelde.

Hasta aquí nada nuevo. Pero ahora podemos notar que, cuando un derecho es creado o reconocido en atención al interés de alguien distinto que el titular del derecho, aquellos de cuyo interés se trata pueden exigir que el derecho sea ejercido diligentemente: pueden hacerlo los hijos (o la ley a su nombre), los accionistas de la sociedad, las autoridades del equipo de fútbol. Entender el «derecho» en cuestión desconectado de la obligación de ejercerlo diligentemente deforma la institución.

El punto anterior puede ser generalizado: cuando el interés protegido es un interés del mismo titular del derecho (el caso normal), es normalmente incoherente decir que su ejercicio es obligatorio: en principio, todo mayor de edad puede decidir cómo avanzar sus intereses, y es paternalismo obligarlo a hacerlo. Por el contrario, cuando el interés protegido por el derecho es (al menos también) un interés de alguien distinto, lo normal es que el derecho sea de ejercicio obligatorio.

Por eso, quienes decían que era incoherente un deber de votar porque votar es un derecho, estaban diciendo, aun cuando no fueran conscientes de ello, que el derecho a voto de cada ciudadano es un derecho que mira sólo al interés de cada ciudadano. Si esto es así, entonces es natural entender que nadie que no sea el ciudadano puede decidir si ejercer ese derecho o no, y que cada uno debe ser soberano para decidir si aprovechará o no los medios que se le entregan (el voto sería uno de ellos) para defender sus intereses.

Esto es, por cierto, incompatible con la correcta comprensión de la representación política como la construcción de una voluntad colectiva común a todos. Bajo esta comprensión, el sufragio debe ser visto no sólo como un derecho sino a la vez como un deber, ya que no se trata simplemente de reconocer una potestad de delegación de representación de intereses que puede o no ser ejercida y cuya única consecuencia sería que el no-votante no nombre un representante y así nadie defienda sus intereses en la esfera política. Por el contrario, de lo que se trata es de verificar del modo más verosímil posible cuáles son las ideas a las que puede atribuirse el carácter de dominantes, y como toda la comunidad tiene interés en que esa atribución sea verosímil, el voto no va sólo en su interés. En otras palabras: la elección a través del sufragio de representantes no puede ser entendida como la elección de un vocero de los intereses particulares del votante, sino más bien como la identificación de la capacidad de decisión en órganos que representen una idea política actualmente dominante. Es decir, al elegir a un número determinado de representantes, se espera que el sistema exprese, en general, la correlación de fuerzas realmente existente en la comunidad política y que ello contribuya a determinar la voluntad política general atribuible a un momento determinado. Esta es la razón por la que la función de representación es, en principio, entregada a miembros de partidos políticos y no a individuos sin identidad política. La ciudadanía no delega mediante su voto intereses a ser satisfechos (esto sería de entrada ilegítimo: ¿por qué los intereses particulares de unos –los electores cuyo candidato es vencedor– van a ser más valiosos que otros?), sino que contribuye a configurar una identidad política reconocible en las instituciones que tienen poder de decisión, de modo tal que las ideas políticas que en un momento determinado resultan mayoritarias determinen el actuar de los órganos democráticos con poder de decisión.

Partidos políticos

La democracia representativa moderna no es comprensible sin la existencia de partidos políticos. Esta afirmación puede parecer exagerada y seguramente en nuestro mundo, en el que las instituciones se han deformado, puede ser considerada impopular. Los partidos políticos son vistos como «máquinas» en la gestión de intereses privados, incluyendo reparticiones de cargos públicos en caso de que sean vencedores. Los partidos sólo contribuirían a distorsionar la representación que ejerce cada mandatario electo, al limitar sus opciones de votación y obligarlos a «ir contra sus electores». Pero para entender la relevancia de los partidos políticos no podemos partir por su deformación –su transformación en «máquinas»– ni por su comprensión a partir de nociones deformadas de ciudadanía y de representación política. Necesitamos antes entender su función original para saber si ella se sigue justificando en nuestras circunstancias actuales y qué puede hacer posible romper con su deformación.

Los partidos políticos son consustanciales a las democracias modernas porque sólo en ellos se generan interpretaciones (una podría decir incluso: ofertas de interpretación) del interés general que permitan, a partir de su interacción con la ciudadanía que sufraga, generar representación política. Nótese esto: bajo una idea no deformada de representación, los partidos políticos cumplen una función necesaria a su realización: articular políticamente al pueblo estructurando y ofreciendo ideas o narrativas que sean capaces de transformar los intereses o demandas particulares de los ciudadanos en intereses o demandas que miran hacia lo universal. Así, cada partido pretende dar sentido y respuesta a lo que ocurre en el presente, a la luz de una idea o narrativa. De esta forma, los partidos cumplen la importante función mediadora desde la particularidad de la vida presente hacia lo universal, hacia la voluntad del pueblo.

Aquí es importante notar que para que sea probable que los partidos cumplan dicha función es necesario que el sistema político tienda a la configuración de prácticas políticas compatibles con una idea no deformada de representación –los partidos sólo son comprensibles si se insertan en un sistema que cuente con una cierta configuración– pero, a la vez, ellos mismos deben contar con configuración institucional adecuada.

Por regla general, los aspectos centrales en la configuración adecuada de los partidos miran a su conformación en base a la pura representación de ideas que pretendan ser políticamente dominantes. Para efectos expositivos, los aspectos centrales de esta configuración pueden dividirse en dos momentos: a la configuración relativa a la constitución y funcionamiento interno de los partidos, y a la configuración relativa a su interacción externa, en la esfera de la competencia política y de la realización de sus programas.

En el primer ámbito, los partidos deben ser configurados de un modo tal que su pretensión de simple articulación de ideas políticas generales no se transforme en representación de intereses particulares externos o internos al partido. La independencia de intereses externos depende ante todo de la regulación de su financiamiento: la regulación de su financiamiento debe buscar impedir que intereses particulares que naturalmente buscan influir en ellos –y eso en Chile lo sabemos perfectamente– los capturen. El financiamiento público o el financiamiento disperso en unidades que no son por sí mismas determinantes ofrece la mejor alternativa de no condicionamiento por intereses particulares. Esto, sin embargo, no es suficiente. Como toda organización humana, los partidos pueden tender a satisfacer intereses autorreferentes, esto es, a ser dependientes de una lógica interna de distribución del poder que no busque más que perpetuarse. Los partidos requieren, en ese sentido, de una configuración institucional que haga probable la constante relación entre cúpulas y militantes, entre cúpulas y bases sociales, entre cúpulas y lo que hoy despectivamente se llama «la calle».

En el segundo ámbito –en su acción política externa–, los partidos son medios de articulación de ideas que pretenden realizarse como voluntad política general. Los partidos articulan políticamente interpretaciones globales del bienestar general y determinan los modos en que esas ideas pueden tener realidad social a partir de acción política. Como por cierto la interpretación que se haga del «ideal socialista», de la «socialdemocracia», del «socialcristianismo» o de la «derecha liberal», está sujeta a desacuerdo y conflicto interno, los partidos necesitan contar con que son asociaciones de deliberación interna constante que debe tener, sin embargo, modos de zanjar sus discusiones. Ello supone que para efectos de la acción política externa, especialmente si ella tiene efecto institucional (votación de leyes, apoyos a ciertos candidatos), los partidos deben poder disciplinar a sus miembros, esto es, deben orientarse a asegurar lealtad con sus decisiones. En este contexto, las órdenes de partido no sólo tienen pleno sentido, sino que no son más que el correlato de la idea misma de un partido político.

Estas dos condiciones fracasan hoy notoriamente. Ello es, por cierto, el resultado de nuestras prácticas políticas deformadas: si los parlamentarios, por ejemplo, «se deben a sus electores» y simplemente deben defender sus intereses, cualquier intento de disciplinamiento será visto como un intento de imponer sobre el representante la voluntad de una maquinaria incompatible con la democracia. Pero los partidos no sólo fallan como causa natural de la deformación de la política, sino también porque su propia configuración interna ha tendido a una ruptura entre las cúpulas, los militantes, sus bases sociales y «la calle». Lo anterior se observa tanto en la evidencia de su dependencia de intereses externos como en la práctica de pura autoreproducción de poderes constituidos para favorecer intereses particulares.

Por supuesto, la regulación de los partidos políticos es esencialmente legal. Ello puede hacer parecer que la solución de los problemas que han implicado su notorio fracaso en Chile podría tener lugar en un contexto no constitucional. Así, siempre sería posible establecer mecanismos de financiamiento que tiendan a excluir intereses particulares, o regular las órdenes de partido, o incluso hacer exigencias de funcionamiento democrático interno. Pero esto es errado por dos razones. En primer lugar, es improbable que en una práctica política constituida –¡y, además, neutralizada!–

se produzca una alteración radical interna. La experiencia muestra, antes, que la práctica tiende a modificar algunos aspectos relevantes, pero secundarios, o a hacer modificaciones más bien cosméticas. Por eso es importante entender que el problema de los partidos políticos es esencialmente constitucional, porque se deriva de la idea deformada de representación política que se ha construido desde la Constitución de 1980. Los partidos políticos sólo son comprensibles bajo arreglos institucionales y prácticas políticas que no tienen lugar en Chile y cuyo establecimiento supondría, en sí mismo, una nueva constitución. Esto se hace especialmente notorio con el aspecto central en el que influyen los partidos políticos, a saber, la conformación y manejo de la voluntad general.

La conformación de la voluntad dominante en la interacción entre ciudadanía y partidos políticos

La lógica de la representación en la elección de cargos de representación

Como hemos visto, la democracia moderna no es comprensible sino a partir de una idea de representación que no es intermediación. Los partidos políticos pretenden articular estas ideas, pero su realización política no tiene lugar en ellos sino en el parlamento y en el gobierno. La configuración de una idea de representación democrática comprensible requiere, por ello, no sólo configuración y funcionamiento adecuado de partidos políticos, sino también que su acción política conecte con prácticas de conformación de gobierno y de legislación compatible con esta idea de democracia.

En Chile, a la luz de nuestras prácticas deformadas, puede ser difícil entender esto. Los partidos políticos ciertamente presentan candidatos, pero luego los votantes eligen a una persona determinada como portador de cada cargo de elección popular. Conjugado con una práctica general en que la representación se ha hecho incomprensible, el sistema tiende a personalizar y a romper con la noción de representación como determinación y articulación de voluntades políticas dominantes. Por ello, para entender el modo en que es posible articular ideas comprensibles de representación democrática en los cargos de elección popular, tal vez sea conveniente mirar el modo en que ello funciona en otros sistemas.

El modo más obvio de articulación de representación democrática en base a una idea no deforme de representación se da en aquellos sistemas que no cuentan con elecciones personalizadas. La mención a sistemas de esta clase es además especialmente ilustrativa no sólo porque buena parte de los sistemas comparados tiende a funcionar así, sino también porque este modo de organización resulta especialmente incomprensible en nuestra (deformada) práctica actual. En sistemas de esta clase, los electores no eligen nombres, sino partidos («listas»). Esto significa que en general no es relevante el nombre de la persona que ejercerá el cargo –salvo, por razones puramente electorales, en los casos de los grandes líderes– y la relación personal elector-representante no tiene por qué tener expresión institucional. Lo relevante es, en cambio, la relación entre voluntad de los electores expresada mediante el voto y la correlación de fuerzas políticas: el sistema se orienta ante todo a determinar esta correlación.

Esto puede ser observado fácilmente en algunos sistemas parlamentarios: los partidos políticos obtienen un número de escaños que corresponde al porcentaje de votación global obtenida por el partido. Esto es lo que denomina un sistema «proporcional». El nombre de los individuos que ocuparán el escaño es, en cambio, decidido por el partido político a través de «listas». Quienes se encuentran en una posición suficientemente alta en la lista para ocupar un escaño pasan a constituirse, por ello, en parlamentarios. Así, por ejemplo, el Partido Democrático de la República X obtiene una votación equivalente al 40% de los votos totales. En un parlamento con 500 miembros, 40% implica 200 escaños. Con ello, los primeros 200 miembros de la lista del Partido Democrático asumirán un escaño.

No hay nada que impida, por cierto, que un sistema de esta clase se combine con modos de designación directa del nombre del parlamentario que asume. En Alemania, por ejemplo, el sistema es estrictamente proporcional en relación al número de miembros de cada partido que ocuparán escaños parlamentarios, pero todo candidato que obtenga el primer lugar de votación en una circunscripción territorial tiene asegurado un cupo[35]. Esto permite que

---

35 Esto, por cierto, tiene consecuencias para la integración del Parlamento. Cada partido tiene asegurado un número de escaños proporcional a su votación, pero al mismo tiempo todo candidato vencedor tiene derecho a un escaño. Si un partido obtiene una

exista algún grado de representación territorial y de elección de nombres, subordinada en el funcionamiento de la democracia a la representación política global.

La forma exacta que tome la idea de representación depende así, ante todo, de las reglas electorales y de los modos de designación de las autoridades electas, en su interacción con la definición de la ciudadanía y con la estructuración de los partidos políticos. Un concepto de representación puramente relativo a la correlación de fuerzas políticas se configura, por ello, estableciendo un sistema electoral proporcional y sin designación nominada de los parlamentarios y de las autoridades. Los sistemas que cuentan con representación regional tienden, en cambio, a configurar prácticas de representación localizadas, pero no necesariamente centradas en la representación de intereses particulares. En qué medida la representación de la fuerza política convive con la representación de intereses locales, es algo que depende de la forma en que se configure la relación entre ambas funciones. Así, en sistemas que rechazan la existencia de órdenes de partidos y generan representación directamente nombrada por los electores, la naturaleza de la representación va a tender a ser como la chilena. Si, en cambio, el sistema contempla o hace uso en la práctica de modos de mantenimiento de la disciplina política, la labor de representación local o personal se va a ver subordinada a la función de representación política.

proporción de triunfos superior a la proporción de votos totales del partido, las dos reglas entran en conflicto. El sistema alemán corrige esto cambiando la configuración del parlamento en esos casos: el partido tiene en esos casos parlamentarios «sobre-proporcionales» (*Überhangsmandate*). Por ejemplo, el Partido Democrático de nuestro ejemplo tenía derecho a 200 escaños por proporción política, pero ganó 220 contiendas. Con ello, tiene 20 parlamentarios sobre-proporcionales. Para evitar que ello implique sobre-representación política, recientemente se instauró una regla que obliga a que los otros partidos obtengan un número de parlamentarios adicionales de compensación (*Ausgleichsmandate*) que permita que se mantenga la correlación de fuerzas. Así, 220 corresponden al 40% de un parlamento con 550 escaños, debiendo distribuirse proporcionalmente los 30 escaños libres con los otros partidos. El parlamento que originalmente tenía 500 escaños pasa a aumentar, durante la legislatura en cuestión, a 550. De nuevo, entre nosotros esto debe parecer incomprensible. Después de todo, durante la tramitación de la reforma al sistema binominal, el argumento central de la derecha fue que aumentar el número de parlamentarios sería un gasto inútil a menos que se demostrara que se necesitaba una dotación mayor para «hacer bien la pega». El argumento decisivo que permitió aprobar la reforma fue la mitigación del mayor gasto de ese aumento, no su relevancia para la representación.

Si la representación política ha de operar sobre la base de ideas, las cuales se articulan a través de partidos políticos, es probable a su vez que la comprensión de la función de las distintas autoridades se depure. En un sistema que orienta sus reglas de constitución de parlamento y gobierno a la representación, la función misma pasa a ser redefinida. El cargo parlamentario y la función de representación política dejan de entenderse en base a la lógica que habíamos revisado en la Segunda Parte («hacer la pega», defender los intereses «de sus electores», medir la responsabilidad con la función en base a asistencia a la sala, etc.). Si la función primaria del parlamentario no es gestionar intereses particulares, no puede ser en sí relevante que este asista a la sala y que esté constantemente allí, votando o defendiendo a ciertos particulares. Su función no se mide por el número de proyectos que ha presentado o por el nivel de ausencias a la sala que es posible verificar –al contrario, presentar muchos proyectos por fuera de su partido puede ser signo de deslealtad política y asistir constantemente a la sala signo de falta de trabajo–, sino en la lealtad y grado de contribución a las múltiples tareas de la coalición política que corresponda y de las ideas que esta representa.

En sistemas democráticamente más sanos que el nuestro es por ello usual que la sala se encuentre más bien vacía, salvo en aquellas ocasiones especiales en que hay discursos o presentaciones políticas de relevancia, o en las que se producen votaciones que resultan excepcionalmente inciertas por no haber posturas vinculantes de los partidos.

Esto puede observarse incluso en el modo de funcionamiento mismo de las instituciones. El Parlamento Federal Alemán (*Bundestag*) y el Parlamento del Reino Unido, por ejemplo, no cuentan con un sistema de medición automática del voto de sus miembros. Los votos no se cuentan ni siquiera verificando el número de manos alzadas sino «estimando». Esto suena llamativo: en Alemania, se *estiman* (*schätzen*) los votos de los parlamentarios. Esto parece ser demasiado impreciso y no permitir además controlar el «cumplimiento de la pega» de los parlamentarios, pero resulta suficiente porque, en general, se sabe cuántos votos tendrá cada postura dependiendo de las decisiones de cada partido. Nótese cómo aquí se coordina la función de los partidos políticos con las reglas de representación en el parlamento: se sabe el resultado de las votaciones porque hay disciplina política y hay disciplina porque la función del partido se define en base a ella. Es usual, por ello, que las leyes sean aprobadas con pocos votos, porque se sabe quiénes concurrirán a la sala para permitir formalmente que sea la mayoría de los presentes quienes aprueben el proyecto o el trámite de que se trate. El alto número de parlamentarios (alrededor de 600 en el caso del *Bundestag*) se justifica, en cambio, por motivos de representación proporcional.

La deliberación pública y la regla de la mayoría

Finalmente, en el último eslabón de formación del poder está el principio de deliberación pública en conjunto con la regla de la mayoría. En esta etapa la fuerza política dominante delibera internamente respecto a la determinación del modo en que se configura la comprensión que representan de lo que va en interés de todos que debe ser realizada, y delibera externamente con las otras fuerzas de modo tal de dar cuenta de su programa y de las razones por las que es sustantivamente correcto. El resultado de este proceso es dinámico: puede ser que de la deliberación surjan nuevas voluntades políticas dominantes, puede ser que sin sumarse a ella, otras fuerzas políticas presenten alternativas que en conformidad con el proyecto dominante merecen ser tomadas en cuenta, etc. El proceso puede incluir negociaciones, cuyo objeto es lograr que la realización de la voluntad política dominante sea lo más efectiva posible y no afecte innecesariamente intereses dignos de protección. Pero el estadio de la deliberación no es esa negociación y el disenso no elimina la obligación de realización del mandato que subyace necesariamente a la fuerza política que representa la voluntad dominante. Precisamente por ello, la regla de la mayoría tiene una dimensión crucial en la medida en que ella es la forma de hacer posible el cumplimiento de esa obligación y facultad política.

Sobre esto conviene concentrarse, porque es otro aspecto de la democracia que ha sido deformado en nuestra práctica. Para entenderlo, necesitamos tal vez entender más de cerca el sentido del resultado de la conformación del poder bajo la idea de representación, esto es, la idea de que la ley como producto de la política representativa sea obligatoria. Sólo una vez que hayamos revisado esto podremos entregar una explicación más precisa de las razones por las que en un sistema representativo existen reglas más o menos homogéneas de formación de la ley.

La ley como expresión central del poder

¿Por qué la ley puede obligarnos a todos? Dado el carácter obligatorio que la ley formalmente reclama, la pregunta puede parecer banal: sean cuáles sean esas razones –discutidas por la filosofía política con mayor o menor intensidad en diversas épocas–, no sería discutible en nuestro mundo actual que la ley obliga. Pero la deformación de nuestro lenguaje político es tan profunda que incluso esta idea obvia (la de que la ley obliga, incluso al que está en desacuerdo con ella) parece problemática.

Hay dos contextos en que esto resulta especialmente notorio. El primero es el discutido en casos denominados de «objeción de conciencia». Aquí se da por sentado que cada individuo tiene derecho a que la ley lo excluya si la ley le resulta injusta o inmoral.

Esta cuestión ha aparecido, más recientemente, en la discusión del proyecto de ley que despenaliza la interrupción del embarazo en tres causales. Dicho proyecto permite al médico excusarse de cumplir su deber de practicar un aborto cuando la mujer así lo ha decidido y se encuentra en la situación específica descrita por las causales. Por supuesto, existen buenas razones para reconocer, en ciertos casos, excusas de cumplir con obligaciones legales en razón de convicciones morales vinculadas a identidad cultural determinada. Lo problemático no es el reconocimiento de la excusa, sino entenderla como un derecho general del individuo, a que la ley lo excluya si la exigencia legal le parece inmoral. La idea subyacente es que la ley sólo obliga si su contenido es moralmente adecuado de conformidad con el punto de vista (más o menos defendible) de su destinatario. Por cierto, la explicación correcta es que la ley obliga con independencia del juicio moral que le merezca a su destinatario. Es la propia ley (y no el derecho del individuo) la que puede en ciertos casos reconocer que la carga que impone su cumplimiento al destinatario puede ser exageradamente alta, y eximir.

Nótese la importancia de entender que la objeción de conciencia no es un derecho del ciudadano, sino una concesión de la ley: implica, por ejemplo, que la objeción cesa inmediatamente cuando afecta a los derechos de otros. Por eso es absurdo reclamar por una objeción de conciencia a la obligación de educar a los hijos, o a la prohibición de tener relaciones sexuales con quien no ha adquirido la edad adecuada para consentir. En general: cuando la objeción de uno privaría o afectaría a otro individuo de un derecho, no es aceptable que el primero pueda objetar. Por eso, de aprobarse la ley en actual discusión, el médico puede negarse por razones de conciencia a realizar un aborto, pero no cuando (por ejemplo, porque es el único médico disponible) su negativa implicaría que la mujer no puede realizarlo. Y por cierto, la objeción de conciencia supone una conciencia, y la conciencia supone un individuo, por lo que la expresión «objeción institucional de conciencia» es ininteligible.

La idea de que la ley no puede obligar aparece también en un segundo contexto. Se trata de casos en los que se discuten posibles y futuras leyes que vienen a regular una actividad previamente desregulada, con la pretensión de encauzarla hacia el interés general. En este segundo tipo de casos el reclamo es que la ley no puede obligar sino sólo incentivar o invitar a actuar de cierta forma, ya que de otra manera se estaría afectando una libertad fundamental.

Este reclamo se ha escuchado en múltiples ocasiones. Se ha dicho que la ley no puede prohibir a los establecimientos educacionales seleccionar a sus estudiantes, no puede prohibir a los padres pagar para mejorar la educación de sus hijos, no puede obligar a los partidos a hacer primarias o a presentar determinado número de candidatas mujeres. Todas estas cosas se han escuchado en la discusión pública. El caso de la gratuidad de la educación superior y el de la ley que estableció la subvención escolar preferencial son casos paradigmáticos de reclamos que tuvieron acogida. En esos casos, la ley sólo pudo «dar incentivos» a sus destinatarios, mas no obligarlos: sólo las universidades que quisieran celebrar un convenio con el Estado entrarían a la gratuidad, sólo los establecimientos subvencionados que estuvieron dispuestos a asumir por contrato algunas obligaciones especiales con respecto a estudiantes vulnerables recibirían la subvención escolar preferencial. ¿Por qué fue necesario este convenio y este contrato? Porque no era concebible que la ley pudiera obligar a las universidades a ofrecer educación gratuita, bajo ciertas condiciones, u obligar a las escuelas a recibir estudiantes vulnerables. Sólo las universidades y las escuelas podían decidir si obligarse o no, a través de la firma de un contrato.

Esta idea de que la ley no puede obligar es consecuencia, en primer lugar, de la comprensión deformada de la representación que hemos discutido en el Capítulo 5. La imagen del contrato en vez de la ley capta de manera perfecta la distorsión en la comprensión de la ley.

Piénsese en la imagen que tiende a ser proyectada respecto al origen de los impuestos. Amparados en el recuerdo de la lucha anticolonialista de las trece colonias en América del Norte o en la lucha antiabsolutista en la Francia del Antiguo Régimen, no es inusual escuchar todavía la idea de que los impuestos constituyen un modo de exacción por parte de un poder político a quienes no pueden resistirlo; se trataría, de este modo, de puro poder desnudo que abusaría de los ciudadanos. El anacronismo es evidente y la falta de verosimilitud de la afirmación también lo es. Cuando los impuestos son decisiones unilaterales del monarca, ellos aparecen ante los súbditos como exacciones coactivas. Pero cuando los impuestos son decisiones de un Estado democrático, ellos sólo pueden ser vistos como la obligación de contribuir a la conformación de un mundo común en interés de todos (incluyendo el interés del contribuyente, cuya propiedad, seguridad y posibilidades de acción dependen de ese mundo). No es que «el soberano» le robe al contribuyente, es que todos colaboran de acuerdo a sus capacidades con el financiamiento de la vida común.

La idea de que la ley no puede obligar se ha vuelto común, en segundo lugar, con la expansión del neoliberalismo. El neoliberal entiende que la libertad es natural, es decir, es anterior a la ley. La ley, en consecuencia, la restringe y limita. La libertad es un derecho que debe ser protegido, y eso justifica entonces una actitud de permanente sospecha frente a la ley.

El principio democrático supone, sin embargo, que la ley es la voluntad del pueblo. Esto significa, entonces, que la ley en principio no es un límite a la libertad sino que su condición de posibilidad. Esto es algo conocido desde Hobbes: sin poder político que controle el poder fáctico, la vida se encuentra condicionada a la contingencia del poder propio, nunca suficientemente fuerte para resistir la posibilidad de alianza de otros. La ley transforma esta condición. Y ella lo hace no sólo por la vía de permitir la creación de un mundo común más estable y seguro, en que la libertad que le importa al neoliberal es del todo posible, sino además por la posibilidad de constitución de ese mundo común sin dominación externa.

Lo absurdo del concepto neoliberal de libertad natural se devela no sólo en casos tan obvios como el de los impuestos, sino también en otros menos obvios que hemos discutido recientemente como el caso de la ley de inclusión, que prohíbe a los establecimientos educacionales seleccionar estudiantes o cobrarles a ellos o a sus padres financiamiento compartido. Estas dos prohibiciones, ¿limitan la posibilidad de los padres de elegir o la aumentan? La respuesta es evidente: ellas limitan la libertad «natural», es decir la libertad cuyo contenido está dado por el poder (social o económico) propio. Esta es una libertad por esencia desigual: cada uno tiene la libertad de elegir que le da su posición social (mientras más alta dicha posición social más establecimientos estarán dispuestos a seleccionarlo, por lo que más contenido tendrá su libertad) o su capacidad económica (mientras más pueda pagar, más establecimientos serán elegibles). Una libertad que es esencialmente desigual es un privilegio. La ley de inclusión limita esta libertad esencialmente desigual (= privilegio) para maximizar una libertad que puede ser igual, una libertad políticamente construida.

Aquí podemos ver cómo, en un sentido muy real y nada «teórico», la ley crea espacios de libertad iguales para todos. Asumir que existe algo así como una forma pre-política de libertad en aspectos políticamente relevantes que sólo se ve puesta en peligro por la ley, no sólo es inverosímil, sino que tiene el resultado de defender la facticidad del privilegio.

La ley como «nuestra» voluntad, la del pueblo

¿Qué quiere decir que la ley sea la voluntad del pueblo?

Dada la deformación del lenguaje político que caracteriza a nuestra época, lo que es público se hace privado, como hemos visto que ocurre con la idea de representación y del sufragio. Lo mismo ocurre aquí: el concepto público por excelencia, el de «pueblo», se transforma en el concepto que describe a los que no son ciudadanos, «la gente» (el *ius gentium* o derecho de gentes romano era, precisamente, el derecho aplicable a los «peregrinos», es decir, a los que no eran ciudadanos). La voluntad del pueblo se transforma en lo que (inmediatamente) «la gente» quiere. Pero lo que la gente quiere es que sus intereses particulares sean satisfechos. La ley aquí sería solo el interés particular que es compartido por más gente.

Esta comprensión de la ley es la que hoy resulta de sentido común, pero, al igual que la comprensión de derecho privado de representación, ella es enteramente incompatible con la tradición democrática y, por las razones que hemos visto, hace inevitable la frustración al cargar a las instituciones políticas con una expectativa que ellas no pueden satisfacer. Debemos comenzar, entonces, por intentar recuperar la idea original de voluntad del pueblo.

Hay dos sentidos en que la tradición democrática reclama que la ley es la voluntad del pueblo. Conforme al primero, que lo sea quiere decir que la ley es lo que va en el interés del pueblo, es decir el interés de todos. Por esta razón, el principio democrático exige que la ley sea producida a través de un procedimiento que haga suficientemente improbable que la ley sea lo que va en el interés de un grupo particular en tanto grupo particular. Esto permite explicar varias de las características del procedimiento legislativo. La primera es que debe ser un procedimiento en el que estén representados los intereses de todos, sin exclusiones. Sólo un contexto en el que están presentes todos los intereses hace probable una decisión que no atenderá solo a algunos de ellos. Y esto último es obvio: la ley de Pesca no debiera dictarse para servir el interés de siete familias especialmente poderosas, sino el interés de todos los chilenos. Nótese que esto no quiere decir que en los hechos la ley de pesca no sirva el interés de esas familias: quiere decir (a) que el hecho de que sirva el interés de siete familias poderosas no legitima a la ley ni muestra que está justificada, y (b) que mostrar que sirve a las siete familias es una manera de criticar o descalificar la ley.

Hay, por cierto, mucho que decir acerca de qué formas institucionales pueden hacer esto suficientemente probable, y también hay escépticos que dicen que esto no se logra en un grado suficiente, sino que en nuestras condiciones actuales no puede lograrse, y los procedimientos democráticos son sólo formas de manifestación de intereses particulares. Es verdad que la democracia moderna ha demostrado estar especialmente expuesta a este riesgo, a ser capturada por poderes fácticos (esos poderes fácticos que el capitalismo realmente existente tiende a crear, pese al discurso descentralizador del poder del mercado y la competencia). Pero la pregunta constitucional central es, precisamente por ello, qué formas de organización del poder político tienden a hacer probable que las decisiones se tomen por razones políticas verdaderamente democráticas (como interpretación de la comprensión dominante del interés de todos) y que la injerencia de intereses particulares disminuya. Incluso el escéptico asume que ello debe ser así. En efecto, su argumento muestra cuál es el estándar que fija el principio democrático en esta dimensión: debe ser posible decir, sin ingenuidad ni autoengaño, que la ley mira al interés de todos, y no de los fácticamente poderosos, para dar cuenta de la legitimidad de un sistema político. El escéptico cree, sin embargo, que la satisfacción de ese estándar es improbable. La pregunta constitucional trata a esa observación del escéptico como un obstáculo para una constitución democrática, y la respuesta entonces será cómo es posible organizar instituciones para sortear ese obstáculo.

La forma genérica de hacerlo es organizar los órganos y los procedimientos a través de los cuales se expresa la voluntad del pueblo. Aquí hay algunos casos que son bastante claves, y que entonces ilustran la forma general del argumento a seguir. En efecto, las leyes de quórum contramayoritario son problemáticas, porque dan más oportunidades de intervenir y decidir a una minoría, que de esta forma se vuelve privilegiada y puede imponer los intereses particulares de ciertos grupos simplemente vetando contenidos de la ley. Una nueva constitución debe buscar impedir, por ello, deformaciones de esta clase.

El segundo sentido en que la tradición democrática reclama que la ley es la voluntad del pueblo tiene que ver con que la ley tiene que ser el resultado de un procedimiento en el que todos los ciudadanos tienen igual derecho a participar y decidir. Esto no significa que cada ciudadano ha de participar de manera directa en el procedimiento de formación de la ley. Como ya hemos observado, la democracia es esencialmente representativa, porque sólo la representación hace posible la conexión de los dos sentidos en que la democracia permite la reconducción del poder al pueblo. La democracia debe permitir, así, representación que exprese la igualdad de ciudadanos y que esa igualdad de ciudadanos cuente en la determinación de las condiciones de formación de la ley. A diferencia del punto anterior, este aspecto de la democracia es mucho más fácil de asegurar institucionalmente de un modo que se asegure contra su propia deformación. En lo esencial, el sistema electoral debe consagrar modos de representación que expresen la igualdad que se pretende expresar. La Constitución de 1980 no lo hacía, como hemos visto a propósito del sistema binominal, por razones estratégicas: porque su verdadera voluntad no era crear una política realmente democrática, sino limitar el poder de decisión en aspectos relevantes. Pero su propia brutalidad muestra con relativa sencillez el tipo de cuestiones que deben ser evitadas aquí.

Hemos identificado, entonces, dos sentidos en los que la ley es la voluntad del pueblo: es su voluntad porque es lo que va en su interés (es decir, es lo que va en el interés de todos; es decir, no en defensa de intereses particulares) y es su voluntad porque es producida mediante un procedimiento en que todos los ciudadanos tienen igual derecho a participar y decidir.

Ahora bien, pese a que son distintos, estos dos sentidos de la idea de que la ley es la voluntad del pueblo están relacionados entre sí. Organizar eficazmente la interdependencia de estas dos ideas es probablemente el desafío central en un diseño constitucional efectivamente democrático. Como veremos a continuación, el reclamo de que la ley va en interés del pueblo (primer sentido) hoy sólo puede ser sostenido si es que la ley es el resultado de un procedimiento que da a todos los ciudadanos iguales posibilidades de participación e igual peso inicial (segundo sentido). Por otra parte, la exigencia de un procedimiento que dé iguales oportunidades de participación a todos sólo tiene sentido si los participantes entienden que esas posibilidades iguales de participación existen para diferenciar lo que va en interés de todos, no defender intereses particulares.

¿Qué características de nuestras condiciones de vida hacen necesario este procedimiento de formación de la voluntad común? Dadas esas condiciones, ¿cuáles han de ser las características del procedimiento y cómo ha de estructurarse para que efectivamente su resultado, la ley, pueda ser considerado la voluntad del pueblo?

Nuestras condiciones de vida política y la necesidad
de un procedimiento

La primera condición surge del hecho de que vivimos juntos. Ahora no necesitamos evaluar este hecho, calificándolo como «bueno» o «malo». Algunos creen que vivimos juntos porque nos sería difícil vivir aislados; otros, que la dependencia recíproca es algo fundamental porque nos hace humanos. En cualquier caso, el hecho de que vivimos juntos implica que hay ciertas cuestiones acerca de la manera en que cada uno vive su vida que han de ser decididas de modo que la decisión nos obligue a todos.

¿Cómo tomar esas decisiones que nos obligan a todos? La respuesta democrática es: mediante un procedimiento de conformación del poder político que pueda tender a expresar la voluntad política dominante, mediante procedimientos de discusión pública en la determinación de qué es ello que va en interés de todo y, como modo de conjugación de ambos aspectos, por el establecimiento de una regla final de decisión por mayoría.

¿Cómo justificar esta respuesta? Al principio podría parecer arbitraria, como si nosotros hubiéramos simplemente elegido la respuesta que nos gusta y la hubiéramos puesto allí. Pero un momento de reflexión bastará para ver que, en las condiciones actuales, no hay ninguna otra respuesta políticamente aceptable. Por eso es que, como ya hemos enfatizado, hoy el principio democrático es el único principio de legitimación política disponible.

Las características del procedimiento son la consecuencia inevitable de dos ideas que hoy no pueden ser negadas. La primera es una constatación obvia, tan obvia que no puede ser negada ni necesita mayor argumento: en nuestras condiciones de vida política, estamos en muchos casos en desacuerdo sobre cuál debería ser la decisión colectiva que nos vincule a todos, y ese desacuerdo es persistente. No es necesario, ahora, elaborar aquí una explicación para el hecho de que el desacuerdo sea persistente. Tenemos diferentes maneras de entender la vida y el mundo, pertenecemos a diversas tradiciones espirituales o filosóficas, escondemos en ocasiones con mayor o menor eficacia nuestros intereses particulares detrás de apelaciones al interés general, etc. Como estamos en desacuerdo en cuanto al contenido de las decisiones colectivas que han de vincularnos a todos, necesitamos un procedimiento que permita la concurrencia de todas las posiciones relevantes y que de esa concurrencia surja una decisión que cuente como la voluntad de todos; no en el sentido de que sea una decisión efectivamente apoyada por todos, sino que expresa la voluntad política dominante en la determinación del interés general.

Esto es importante a su vez por la segunda razón, esta vez normativa (no fáctica) pero igualmente difícil de negar: todos gozamos de igual libertad y, por tanto, nadie ha de estar sujeto a la voluntad de otro. Esto, por cierto, no quiere decir que en los hechos no estemos sujetos a voluntades ajenas. Pero no estamos sujetos a voluntades ajenas que se funden en que esos otros son mejores o más valiosos que unos, o «naturalmente» llamados a mandar o decidir, etc. Así, un trabajador puede estar, en algunas dimensiones, sujeto a la voluntad del empleador. Pero esa sujeción es reconducible a la voluntad del trabajador, que celebró el contrato de trabajo. Compárese la situación del trabajador con la del inquilino, que está sujeto a la voluntad del dueño de la tierra por razones tradicionales. Son sujeciones de este segundo tipo las que hoy son evidentemente insostenibles.

Como en este sentido nadie está sujeto a la voluntad de otro, la voluntad a la que hemos de sujetarnos y que ha de decidir cómo viviremos juntos es una que cada uno debe poder reconocer como propia. Claro, no es propia en el sentido de que tenga el mismo contenido que yo le daría a mi voluntad; en nuestro mundo en que hay desacuerdo persistente, una configuración de la democracia como una coincidencia de la voluntad general con la voluntad de cada uno de los ciudadanos es improbable hasta el extremo de lo imposible. Tiene que ser entonces una voluntad que es mía (nuestra) en un sentido distinto. De hecho, ya hemos notado uno de esos sentidos distintos: es una decisión que reclama ser mía (nuestra) porque trata a mi interés como igual al de los demás, porque no atiende ni persigue preferentemente ningún interés particular y porque se basa en una orientación puramente político-democrática. Esto es importante, pero no suficiente, porque podría también ser satisfecho por el despotismo ilustrado («todo por el pueblo, pero sin el pueblo»). Es fundamental añadir al anterior un segundo sentido en que debo poder reconocer en la ley mi (nuestra) decisión: ha de ser propia en el sentido de que es el resultado de un procedimiento en el que yo pude participar, directa o indirectamente, dotado del mismo estatus de los demás.

La deliberación pública

¿Qué se sigue de lo anterior? Cuestiones relativamente obvias: el procedimiento de formación de la ley y las prácticas vinculadas a éste deben configurar un espacio para dar y recibir razones, para entregar argumentos cuyo objeto sea convencer a los demás que mis creencias acerca de cómo hemos de vivir juntos son correctas; tiene que ser una discusión entre ciudadanos, que reconozca, por una parte, una dimensión informal (la «opinión pública») y una formalizada (el Congreso); quienes participan en la dimensión formal deben participar no porque ellos pertenecen a una clase o tienen un estatus que los hace mejores que el resto, sino porque representan a ciudadanos y ello lo hacen a través de una interpretación de cuál es la voluntad política general a la que adhieren.

Debe tratarse de un procedimiento de discusión pública, porque nadie tiene un acceso privilegiado a la verdad (o a lo correcto), de modo tal que si declara que algo es verdadero o correcto los demás debemos tenerlo simplemente aceptar que es correcto o verdadero. En consecuencia, quien reclama que algo es correcto tiene que dar razones que permitan a los demás compartir dicho reclamo. Los demás no tienen por qué aceptar que mi creencia es correcta por el hecho de ser mía, sino (en su caso) por las razones que la sustentan. Los demás, sin embargo, pueden tener otras creencias, apoyadas también en razones, y por eso, a su vez también intentarán convencerme de que son las suyas las que son correctas. Es necesario entonces que el procedimiento contenga un espacio para el diálogo y la discusión (para lo que se denomina «deliberación») abierto a todos (lo que no significa que todos deban participar formalmente a lo largo del procedimiento, pero sí informalmente, lo que supone que las razones están disponibles para que sean discutidas en otros foros). Quienes participan de los espacios formalizados de discusión lo hacen en tanto representantes del pueblo, no en defensa de intereses particulares, etc.

Nada de lo anterior supone una representación idealizada (podría decirse: obsoleta) del parlamentarismo. Pretender ver en el parlamento algo así como un contexto ideal de discusión racional es irreal; si alguna vez fue así, ello ya no lo es. Lo relevante no es, por ello, que la sala del parlamento se transforme en un espacio de discusión elevada. Más bien: la organización total de las prácticas democráticas debe permitir que las fuerzas políticas muestren, en general, su comprensión de lo que va en interés de todo en los asuntos que discuten, que sea posible el entendimiento recíproco de esas razones y que a partir de esa discusión pueda emerger y realizarse una voluntad política dominante.

La regla de mayoría

¿Qué ocurre si, después de discutir y considerar razones a favor y en contra de algo, seguimos en desacuerdo (recuérdese que el desacuerdo suele ser persistente)? La respuesta se sigue de lo que hemos dicho: la característica final del procedimiento es que al cabo de la discusión se ha de decidir mediante aplicación de la regla de mayoría.

El recurso a la decisión por mayoría no debe ser entendido como si fuera una renuncia a lo que sería un «procedimiento perfecto», ni menos ha de ser entendido como un déficit de democracia. Por el contrario, la regla de la mayoría es una regla constitutiva de la democracia: es la única regla que reconoce que como personas y ciudadanos somos todos iguales, la única regla que reconoce que en asuntos que nos conciernen a todos acerca de cómo hemos de vivir nadie tiene un acceso privilegiado a la verdad. Como ya hemos observado que el desacuerdo persistente es una característica ineludible e innegable de nuestra condición de existencia política, la regla de mayoría es inevitable en la medida en que todos han de ser tratados como iguales. Para hacer referencia a distinciones que en el pasado se han utilizado, no vale más la opinión de los que tienen sobre la de los que no tienen, de los hombres sobre la de las mujeres, de los casados sobre la de los solteros, de los defensores del statu quo sobre la de quienes quieren cambiarlo. Por consiguiente, si después de haber discutido públicamente un asunto seguimos estando en desacuerdo, la decisión que puede reclamar ser «nuestra» es la que ha obtenido más apoyo. Cualquier otra regla implicaría dar a unos más relevancia que a otros.

Por eso, en las sociedades que se estructuran de acuerdo al principio democrático, el proceso legislativo se encuentra siempre configurado para que la regla de la mayoría sea la regla de decisión al momento de votar por la aprobación o rechazo de una ley. Si se exigiera más que la mayoría para aprobar una ley se estaría privilegiando (dando más peso) a la opinión de quienes se oponen a la ley, si se exigiera menos que la mayoría se estaría privilegiando a quienes la respaldan. Como señala Böckenförde, un jurista alemán especialmente agudo, «partiendo de la igualdad democrática, los votos [...] solo pueden ser contados, no ponderados»[36]. Al momento de decidir, toda forma de ponderación es inaceptable, por lo que solo queda contar.

Por supuesto, uno se puede preguntar si la regla de la mayoría hace (o transforma en) correcto el contenido de toda decisión que a través de ella se tome. ¿Es necesariamente correcta (o justa) toda ley que sea aprobada por la mayoría? La respuesta es negativa. Una decisión injusta, discriminatoria, abusiva o corrupta no deja de serlo porque ha sido adoptada por mayoría. Lo que esto quiere decir es que la regla de mayoría no es un criterio de corrección, sino que una regla de decisión, cuyo lugar está siempre al final de la deliberación democrática. Este es un punto importante, que fue notado por el filósofo norteamericano John Dewey:

El voto [*the ballot*] es, suele decirse, un substituto de las balas [*the bullets*]. Pero lo que es más significativo es que contar cabezas obliga a recurrir previamente a métodos de discusión, consulta y persuasión, mientras la esencia del uso de la fuerza es evitar recurrir a esos métodos. La regla de mayoría, como mera regla de mayoría, es tan absurda como sus críticos dicen que es. Pero nunca es mera regla de mayoría [...]. Los medios por los cuales una mayoría llega a ser mayoría son la cuestión más importante[37].

Por eso, en el momento de la deliberación, que es el momento de las razones y los argumentos, la mayoría carece de fuerza. El hecho

36 Böckenförde, E. *Estudios sobre el estado de derecho y la democracia*. Madrid: Trotta, 2000.

37 Dewey, J. *The Public and its Problems* (University Park, PA: Pennsilvania State University, 2012; ed.orig. 1927), p. 154.

de que una determinada posición sea mayoritaria no constituye una razón para creer que ella es correcta. La corrección de una posición sólo puede decidirse atendiendo a las razones en las que se funda, y esto es precisamente la finalidad de la deliberación. La apelación a la mayoría, entonces, no es un argumento dentro de la discusión, sino el modo de tomar la decisión después de la discusión. En efecto, una vez que las razones ya han quedado a disposición de todos, llega el momento en que toca decidir. Como también dice Böckenförde, «el recurso final a la propia mayoría, que es posible en la democracia, no puede plantearse al comienzo sino sólo al final»[38].

Nótese la importancia de este punto: si la regla de la mayoría apareciera al inicio, no habría espacio para la deliberación ni para el intercambio de las razones y argumentos que respaldan las distintas opiniones. Y dejar de lado el espacio de la deliberación significaría transformar radicalmente nuestra comprensión de la democracia. Significaría renunciar a entender que las opiniones que tenemos acerca de cómo hemos de vivir, es decir, las opiniones que tenemos acerca de cómo debe estructurarse la provisión de salud, de educación, de pensiones, cómo debe regularse el mercado, etc. se respaldan en (las mejores) razones. Dicha renuncia transformaría nuestras opiniones políticas en «preferencias» o «gustos», respecto a las cuales no corresponde o no es necesario dar razones. Si (contra Böckenförde) la regla de mayoría no se planteara al final sino al principio, ella sería tan absurda e irracional como sus críticos dicen que es (Dewey).

Lo que nos ha llevado al fenomenal malentendido actual de las categorías políticas elementales de la democracia representativa es, en parte, que hoy esta idea de deliberación o discusión pública nos parece utópica e ingenua, una visión nostálgica del salón literario dieciochesco. Lo que hoy pasa por «deliberación pública» es algo lejano a una genuina discusión en un espacio abierto e igualitario. Basta una pequeña familiaridad con el proceso legislativo para darse cuenta de esto: la presencia continua de lobbystas, profesionales y no tanto, la ubicuidad de intereses gremiales o sectoriales de otro tipo, etc. El Congreso parece ser mucho mejor descrito como una «cocina» a la que pocos pueden entrar que como la dimensión formalizada de una discusión pública abierta y libre.

---

38 Böckenförde, *Estudios sobre el estado...*, 114.

Aunque a continuación veremos que este escepticismo radical no entiende el sentido de las instituciones democráticas, es difícil negar que hay en él una buena dosis de verdad. Y entonces la pregunta se transforma en otra: ¿es la posibilidad de la discusión hoy totalmente utópica, de modo que debemos negar que ella sea relevante incluso en el sentido más limitado de proveer un estándar contrafáctico (es decir, un estándar por referencia al cual podemos distinguir lo vicioso de lo virtuoso, lo normal de lo patológico, etc.)? Si la respuesta es afirmativa, si apelar hoy a la discusión pública es irremisiblemente ingenuo, entonces la idea misma de democracia representativa es ingenua y debe ser abandonada.

Pero la crítica escéptica, pese a todo lo mundana y «realista» que se jacta de ser, se construye sobre una premisa notoriamente ingenua: que las instituciones políticas solo pueden estar legitimadas si ellas están libres de patologías, si la institución realmente existente en los hechos opera como la «teoría» demanda. Pero esta exigencia es demasiado fuerte e ignora la relación entre ideas e instituciones. En efecto, habitualmente el escepticismo trata al principio democrático como pura normatividad, como si fuera una mera exigencia «moral». Pero ya hemos insistido en que no es (sólo) una exigencia moral, es un principio de legitimación política que mira a las instituciones que existen y a sus condiciones de legitimación, no a una versión idealizada de ellas. Una democracia deliberativa y representativa funciona de un modo suficientemente digno desde que en ella se pueden reconocer discursos de defensa y de impugnación de concepciones políticas dominantes. Lo anterior supone que las concepciones en pugna (a) son concepciones verdaderamente políticas, en el sentido de que reclaman estar orientadas al interés general y (b) descansan en el contenido de un determinado mensaje político, no en preferencias expresadas en las encuestas día-a-día.

No es razonable esperar de un proceso constituyente que de él surja un parlamento que en sala discuta constantemente de un modo idealmente racional; pero sí un parlamento configurado de modo tal que, a partir de prácticas anteriores de discusión, pueda decidir en base a la instauración de programas políticos interpretados como dominantes. La cuestión es así propiamente institucional, y el proceso constituyente, en la medida en que pretende crear una nueva institucionalidad, es el momento adecuado para preguntarse cómo esto puede hacerse probable. ¿Qué reformas institucionales pueden hacer más probable la decisión política de modo que esta refleje la visión política dominante sobre lo que va en el interés de todos y no el interés particular de quienes quieren «hacerse» con el poder legislativo? Es para que podamos tener una discusión institucional sofisticada que es imprescindible rescatar la comprensión de democracia representativa de las deformaciones actuales. En caso contrario, lo probable es que no solo tomemos decisiones que no ayudan, sino que adicionalmente perjudican esta dimensión de la práctica política.

Para ilustrar esto, puede ser útil tratar la pregunta por si es conveniente, o no, que una constitución democrática incluya quórums contramayoritarios. Como ha sido ya discutido en el Capítulo 3, quienes defienden los quórums contramayoritarios tienden no solo a hacer referencia a supuestas prácticas comparadas, sino que ante todo alegan que mientras más acuerdo suscite una decisión, ella necesariamente será más «democrática». Es decir, que una decisión que es apoyada por, digamos, 2/3 de los votos es «más democrática» que una apoyada por mayoría simple. Esto es lo que justifica que para las cuestiones importantes la regla de mayoría no sea suficiente, y se requieran «grandes acuerdos». Así, suele decirse que la educación, por ejemplo, es un tema tan importante que no puede quedar entregado a una «mayoría circunstancial», por lo que las reglas sobre educación han de estar sujetas a un quórum especialmente alto (como de hecho lo están conforme a la Constitución de 1980). Dicho quórum aseguraría que esas reglas den cuenta de un extendido acuerdo.

Como antes, este es un argumento que es tan notoriamente incorrecto que un momento de reflexión basta para mostrar que habitualmente lleva, en nuestras circunstancias, a la conclusión contraria. Así, por ejemplo, la configuración de nuestro sistema educativo no tiende a ir en interés de todos y protege varios intereses particulares (económicos y de privilegios culturales), pero la exigencia de un «gran acuerdo» para modificarlo hace probable que estos intereses particulares sigan siendo beneficiados. En efecto, como consecuencia de estas reglas contramayoritarias de decisión, el sistema educacional, por ejemplo, se mantiene en sus características fundamentales mientras más de 3/7 de senadores y diputados en ejercicio deseen mantenerlo. Dicho de otro modo, si se exige más que la mayoría para tomar una decisión, la minoría que se opone adquiere poder para vetar a la mayoría que lo respalda.

Esto tiene dos problemas: el primero es que entonces la legislación no da cuenta ya de un gran acuerdo, sino ni siquiera del mínimo acuerdo que supone una mayoría. En efecto, si la ley puede ser modificada o derogada por simple mayoría, entonces su sola vigencia garantiza que ella es respaldada al menos por la mayoría. Respaldada al menos en el sentido mínimo de que no hay una mayoría que crea necesario distraer tiempo y esfuerzo legislativo para cambiarla. En segundo lugar, el hecho de que una minoría pueda mantener la vigencia de una ley facilita y hace probable que la ley se mantenga en atención al interés particular de un grupo. Nótese que esta cuestión no es normativa, sino cuantitativa y comparativa: mientras menos apoyo parlamentario sea requerido para que un interés particular se apropie de la ley, más probable es que logre hacerlo.

Negociación y deliberación o discusión

Entender lo que se ha dicho hasta ahora nos permite aclarar algunas cuestiones fundamentales que han sido distorsionadas por la neutralización.

La rectificación del lenguaje deformado que hemos heredado de la práctica política neutralizada es necesaria para que la discusión constituyente que viene pueda estar a la altura de lo que necesitamos de ella, es decir, la reconfiguración de una constitución democrática del poder.

La profundidad de la deformación nos exige continuar. En efecto, la neutralización ha distorsionado el sentido mismo del proceso político legislativo. Hoy en día es bastante común decir que los agentes políticos tienen el deber de negociar con los que están en la oposición. Así, si el actual gobierno presenta o pretende presentar un proyecto de ley, cuyo objeto por ejemplo, es reformar el sistema tributario o reformar el sistema de AFP, lo primero que tendría que hacer es negociar con la derecha y con representantes del gremio de los administradores de pensiones, con el objeto de llegar a ciertos puntos de consenso. Es decir, que sería un deber del gobierno negociar con la oposición para llegar a «un gran acuerdo». Esto no tiene sentido alguno: salvo en casos inusuales, negociar no es un deber, es algo impuesto por la necesidad. Lo que es un deber para el gobierno es deliberar, esto es, ofrecer en público las razones por las cuales cree que las medidas que adopta o propone son las que van en el interés general. Nada muestra más la confusión en que vivimos que el hecho de que deliberar y negociar sean conceptos usados intercambiablemente. Deliberar o discutir es dar al otro razones por las que uno cree que lo que sostiene es correcto, y dada la naturaleza simétrica de la discusión eso implica que uno está dispuesto a escuchar las razones contrarias que ofrecerá el otro. Negarse a discutir es mostrar desprecio por el otro, y por eso puede decirse que discutir es un deber de reconocimiento con el otro. Por consiguiente, ofrecer las razones por las cuales el gobierno cree que su propuesta es la que va en el interés de todos (es decir: contribuir a la discusión pública) es un deber político del gobierno. Pero negociar es una necesidad impuesta por las circunstancias: es absurdo decir en condiciones normales que alguien tiene el deber de negociar. Uno negocia porque necesita hacerlo, uno discute por respeto al otro. Por eso, el único deber inherente al proceso legislativo es el de deliberar, no negociar.

La democracia lleva, por cierto, muchas veces a transacciones y renuncias. Como la conformación de la voluntad política dominante puede tender a ser cambiante, esos aspectos se presentan como ineludibles. Pero el *ethos* del compromiso como reconocimiento de diferencias no implica al *ethos* de la neutralización. No es que lo democrático sea reconocer todos los intereses particulares involucrados en un área, porque muchos de ellos pueden ser espurios, en el sentido de directamente contrarios al interés general. Ella requiere apertura en la determinación deliberativa del interés general, no inmovilidad en su imposición.

Ahora bien, si después del proceso de deliberación democrática hay una mayoría que resulta convencida de que el proyecto de ley sobre el que se discute (por ejemplo, una reforma al sistema de AFP) se apoya en las mejores razones, tomar una decisión votando no es, ni puede entenderse como, «pasar la aplanadora»: es parte esencial de lo que significa el principio democrático. Porque recuérdese: si después de deliberar el desacuerdo persiste, la única regla justa de decisión, que además hace probable la corrección del resultado, es la regla de la mayoría. Nótese aquí que no decidir, teniendo los votos para lograr la mayoría, es también tomar una decisión: es decidir por el statu quo, es decidir, en nuestro ejemplo, que el sistema de AFP no necesita ser reformado. Como se ve, la necesidad de decidir es inescapable.

El *ethos* neutralizado nos ha acostumbrado a decir que, mientras no haya «grandes acuerdos» decidir por mayoría es «aprovecharse» de «mayorías circunstanciales». Así, por ejemplo, lo decía el senador Jorge Pizarro justo después de que su coalición (la Nueva Mayoría) había ganado la elección presidencial y obtenido mayoría en ambas cámaras del Congreso, con la promesa de llevar a cabo profundas reformas en materia educacional:

> estamos convencidos que el Congreso y en particular el Senado debe ser una instancia de diálogo, de búsqueda de acuerdo, de generar consensos sobre todo para las reformas estructurales que el país está planteando, porque no se puede pretender hacer reformas que duren unos meses o un año aprovechándose de una mayoría circunstancial como puede ser en el caso tributario, políticos, y reformas a la Constitución»[39].

Nótese que, en rigor, lo opuesto a una mayoría circunstancial no es un consenso (superior a la mayoría). Un consenso puede ser circunstancial también. Lo verdaderamente opuesto a la etiqueta «mayoría circunstancial» hace referencia a su estabilidad: una mayoría no sería «circunstancial» si ella es persistente. Pero la diferencia entre mayorías «circunstanciales» y mayorías «no circunstanciales» no es compatible con el principio democrático, precisamente porque la democracia reconoce la posibilidad del cambio. Esto quiere decir que toda ley, y por tanto, todo régimen jurídico cuya fuente descansa en ella, puede cambiar o ser impugnado si es que luego de la deliberación democrática una mayoría ha resultado convencida de que va en el interés de todos reformarlo. Es parte de la lógica democrática el que toda ley (y la mayoría que la aprobó) es «circunstancial» al menos en el sentido de que es tratada como circunstancial, es decir, como una

---

39 «Presidente del Senado: Cámara Alta despachó 121 proyectos de ley durante el 2013», en <www.senado.cl>, 30/12/2013, ver: <http://bit.ly/2kxwpAc>.

ley que puede cambiar, no siendo admisible que se inmunice ante la posibilidad de ese cambio. Para que en todo momento podamos decir que la ley es la voluntad de pueblo, es necesario que siempre baste una mayoría para derogarla o modificarla. En consecuencia, el principio democrático exige que toda ley siempre sea modificable si es que existen mejores razones para proponer un régimen distinto y una mayoría resulta convencida por dichas razones. Por esta razón, institucionalmente, la ley nunca es intangible.

Esto no ha de angustiarnos. El hecho de que institucionalmente la ley nunca sea intangible no quiere decir que en los *hechos* no lo sea. Si bien el divorcio o la igualdad de los hijos nacidos dentro y fuera del matrimonio descansan en leyes, hoy ni siquiera quienes se opusieron a dichas reformas abogarían públicamente por volver a la indisolubilidad legal del matrimonio y a la distinción entre hijos legítimos e ilegítimos. Esta «intangibilidad» no descansa en que dichos regímenes jurídicos no puedan ser reformados, sino en que viviendo bajo ellos hemos aprendido que son reglas justas y adecuadas. Sin embargo, para que llegáramos a aprender eso era necesario que dichas leyes existieran. Y su existencia habría sido imposible si las leyes que respaldaban la indisolubilidad legal del matrimonio y a la distinción entre hijos legítimos e ilegítimos hubieran sido inimpugnables por nuevas leyes, o hubieran estado protegidas por quórums contramayoritarios.

En el pasaje transcrito más arriba hay otra idea que se suele invocar para dar respetabilidad a las demandas de una política neutralizada. «No se puede pretender hacer reformas que duren unos meses o un año aprovechándose de una mayoría circunstancial», decía el senador. Aquí la idea, que ha sido repetida una y otra vez durante los últimos años, es que si una reforma se aprueba sin haber llegado previamente a un acuerdo con la oposición ella será revertida cuando la oposición logre tener mayoría. Si se trata de hacer reformas que duren en el tiempo, es necesario hacerlas con «acuerdos».

Es curioso que una idea tan manifiestamente incorrecta, que es tan contraria a toda la experiencia política, se repita como obviamente verdadero. Eso es en sí mismo indicio de algo, de que la idea responde a alguna necesidad de la práctica deformada que conocemos. Porque basta mirar donde sea que se hayan producido transformaciones significativas para observar que esas transformaciones contaron en un principio con mucha oposición, pero que esta fue luego despareciendo. Por cierto, para nosotros el mejor ejemplo fueron las instituciones neoliberales de los Chicago Boys: no fueron «acordadas», sino impuestas, y eso no ha sido un obstáculo para que ellas hayan sido estables en el tiempo. Durante el primer año del gobierno de la Nueva Mayoría, de hecho, hubo dos importantes reformas, una de las cuales se hizo con un «gran acuerdo» (la reforma tributaria) y otra que se aprobó solo con los votos de la Nueva Mayoría (la ley de inclusión). Al poco andar, la que se había modificado era la que se había logrado con un gran acuerdo. Habrá que ver si la oposición, si llega a ser gobierno, va a querer volver atrás en la prohibición de la educación escolar provista con fines de lucro.

Lo que le da estabilidad a una reforma no es el acuerdo inicial. De hecho, el acuerdo inicial normalmente muestra que no se trata de una transformación, sino de un «perfeccionamiento» de aquello que se quiere transformar. Lo que da estabilidad a una transformación es que, después de realizada, ella sea capaz de mostrarse conveniente para los ciudadanos, adecuada para la época, etc. Si para el grupo político que después de estar en la oposición llega al gobierno es políticamente fácil en las circunstancias revertir la reforma anterior, lo hará. Pero el solo hecho de que se haya opuesto en su momento no es decisivo de nada.

Por supuesto, todo lo anterior no quiere decir que una mayoría «puede hacer» cualquier cosa «a su antojo». Es también parte de la idea democrática que quien tiene el poder no puede aprovecharse de él para obstaculizar el ejercicio del poder por quien lo tenga en el futuro, precisamente porque es parte del principio democrático que todas las mayorías han de ser siempre tratadas como circunstanciales. Por eso, es contra la lógica democrática hacer precisamente lo que la Constitución de 1980 pretendió hacer y logró: neutralizar la acción política, de modo que las decisiones no democráticas tomadas en dictadura mantuvieran su vigencia una vez desvanecido su poder.

Capítulo 9
Configuración y distribución del poder

Introducción

Hasta ahora, nos hemos concentrado en dar cuenta de los aspectos centrales que deben animar a la configuración de una práctica de representación política orientada a la identificación y realización de una voluntad dominante. Si bien explicarlo requiere dar cuenta de su vínculo con las ideas de sufragio, partidos políticos, elecciones y conformación de cargos representativos, todavía no hemos dicho nada especial sobre el modo en que debe configurarse el poder político ejercido en base a una configuración adecuada de la idea de representación.

Recuérdese: una constitución no sólo determina cómo se constituye el poder político, ella también contribuye a la determinación de su extensión y del modo en que este se encuentra distribuido. La idea general de representación puede, en ese sentido, servir como concepto matriz en la estructuración de ciertas ideas básicas a una constitución democrática, pero las decisiones que deben tomarse sobre la organización y extensión del poder la exceden.

En este contexto, no es necesario que nos extendamos sobre todas las cuestiones centrales que se discutan al configurar una nueva constitución. Ciertamente, sería importante extenderse con mayor detalle sobre la relevancia que puede tener un proceso constituyente para la función jurisdiccional en general (y no sólo para la denominada justicia constitucional) o sobre la idea de instituciones autónomas como el Banco Central o, en Chile, el Ministerio Público. Pero nosotros pretendemos enfocarnos aquí, antes, en las cuestiones cruciales que se discuten en un proceso constituyente y dar pistas sobre su sentido y alternativas. Para ello, nos concentraremos en primer lugar en la conformación del congreso y del gobierno (central). En segundo lugar, daremos cuenta del carácter de «problema» constitucional de la llamada «descentralización del poder». En tercer lugar, mostraremos brevemente las funciones que pueden cumplir organismos especialmente encargados de velar por el respeto de la constitución respecto de la acción política. Y finalmente nos concentraremos en explicar el sentido que tienen los derechos constitucionales en una constitución democrática y en el funcionamiento posterior del sistema político.

Congreso y Gobierno

La relación entre la función de gobierno y el parlamento

Una de las decisiones fundamentales que debe tomarse en una constitución política es la determinación de quién ostenta el poder y del modo en que este se ejerce. En la respuesta a esta pregunta, son en lo esencial dos posiciones aquellas que son relevantes: la posición del parlamento o congreso y la posición del gobierno.

Como vimos en la Segunda Parte, el sistema chileno tiene una configuración paradójica: se caracteriza por un «presidencialismo extremo», como modo de describir las facultades exclusivas que tiene el Presidente de la República, pero a la vez por el déficit de facultades propiamente políticas en tanto Jefe de Gobierno. Como hemos visto, ello ha llevado a problemas de eficacia política en la experiencia de los últimos tres gobiernos.

Esto no es una particularidad chilena. Los sistemas presidenciales se han visto aquejados de indisciplina y confrontación a lo largo de su historia y, en especial, en el último tiempo. El caso de Brasil es probablemente el más patológico a este respecto, pero otros sistemas políticos latinoamericanos se han visto enfrascados en disputas entre personalismos y partidos políticos. Ello ha alcanzado a su vez a los Estados Unidos, en donde la confrontación entre el Presidente Federal y el Congreso ha pasado a ser una constante (algo paradójica) de todos los gobiernos.

Por supuesto, los sistemas presidenciales tienden a ser defendidos al permitir que el Gobierno se conforme por elección directa y no mediada por el Parlamento. Pero ello ha contribuido, especialmente en Chile, a deformar tanto la función de gobierno (por personalizarla y convertirla en confrontación de rostros o caudillos) como ante todo la función de representación en el Parlamento: como los programas de gobierno no son elaborados por los partidos para efectos de la elección parlamentaria, sino por los candidatos presidenciales, la elección parlamentaria tiende a su vez a ser competencia de rostros o de ofertas de intermediación de intereses.

Esto hace que quien inicia, como nosotros, su análisis a partir del modo en que puede constituirse una democracia representativa, casi indefectiblemente debe llegar a la conclusión de que un sistema parlamentario –que hace probable a la vez que la elección parlamentaria sea propiamente política y que haya relación de coherencia política entre gobierno y parlamento– corresponde de modo mucho más pleno a la idea de democracia representativa. No es casual que prácticamente todo el mundo democrático desarrollado, con la excepción de los Estados Unidos, tenga sistemas parlamentarios o semiparlamentarios[40].

Pero esto no es lo único relevante que uno puede constatar aquí. Las elecciones políticas nunca son puras, ni siquiera cuando se toman con un mecanismo adecuado. Si bien un sistema parlamentario de verdad –a diferencia de la mal denominada República Parlamentaria chilena– debiera ser considerado al discutir sobre una nueva constitución, lo crucial es notar que la elección de un sistema de gobierno debe garantizar del mejor modo posible dos aspectos: continuidad entre representación política y elección parlamentaria y continuidad política entre parlamento y gobierno por la vía de inclusión de mecanismos institucionales de colaboración.

La conformación bicameral del Congreso Nacional

Un segundo aspecto que debe ser notado dice relación con la constitución misma del Congreso Nacional. Hasta ahora, sólo nos hemos referido a la relación que debe existir entre el modo de conformación de sus miembros y la idea de representación democrática. Pero no

---

40 Un sistema presidencial tiene una tendencia a la concentración del poder que, en el caso de Estados Unidos, es contrarrestada por un fuerte federalismo. No es lo mismo, entonces, un sistema presidencialista con Estado unitario (o con federalismo limitado) que presidencialismo con federalismo fuerte.

hemos dicho nada sobre las competencias que debe tener cada cámara de un parlamento o si debe tener varias cámaras del todo. Discutir esto requiere considerar las razones por las que se conforman sistemas unicamerales o bicamerales.

En la actualidad, el Congreso Nacional se encuentra constituido por dos cámaras, cuya aprobación conjunta es condición de aprobación de las leyes pese a que trabajan, en general, separadas. Al igual que en el caso de todo arreglo institucional con una historia suficientemente antigua −ello sucede también, por ejemplo, con el «presidencialismo»−, la existencia de dos cámaras en el Congreso puede parecer obvia. Después de todo, se diría, varios sistemas políticos comparados se encuentran constituidos de esta forma, y ello responde a «una larga tradición constitucional» nacional. Este reenvío a la experiencia comparada o a la tradición no funciona, sin embargo, en caso de que no sea posible explicar las razones que justifican la existencia de las dos cámaras. ¿Qué razones pueden reconocerse a este respecto en Chile?

Comencemos revisando la cuestión por medio de una afirmación que debiera ser obvia: la conformación bicameral no puede justificarse directamente en eficacia legislativa, ya que en los hechos es una forma de hacer que la función legislativa sea más engorrosa (bajo la lógica deformada de representación de derecho privado, por otro lado, esto implica que hoy en día hay que hacer concesiones a más grupos de interés para que una ley sea aprobada). De nuevo, en la comprensión deformada esto podría parecer mejor (si hay dos cámaras, hay más gente «haciendo la pega»), pero un mínimo de reflexión sobre el fenómeno muestra lo obvio: la conformación bicameral tiene por objeto limitar el desarrollo legislativo, no hacerlo más eficaz. Esta falta de justificación en eficacia no implica que el bicameralismo sea en sí inexplicable. La eficacia no es todo lo que importa en la configuración de los poderes democráticos (por eso el discurso habitual en el que estas cosas son discutidas en nuestra política deformada es tan banal: ¿son ciento veinte diputados suficientes para «hacer la pega»?).

La justificación habitual para el bicameralismo es, en cambio, la necesidad de dar cuenta de lógicas o criterios diversos de representación. Consideraciones históricas han implicado formas duales de radicación del poder soberano, y estas formas duales implican bicameralismo. El caso más obvio se produce en los Estados federales, en el que en general conviven distintas lógicas de representación porque el poder soberano emana tanto directamente de la ciudadanía como de los Estados miembros de la unión. Así, un sistema federal puede tener una cámara con representación de las fuerzas políticas a nivel federal y una cámara de representación de los Estados; o puede ser que ambas cámaras se vinculen a la representación de fuerzas políticas al interior de los Estados miembros, pero atribuyendo un peso distinto a cada una.

El primer caso se da en Alemania: el *Bundestag* es el parlamento federal, el órgano central de la democracia cuyos escaños representan la distribución de fuerzas políticas en la federación, distribuidas en relación directa a la proporción de votos que obtenga un partido a nivel federal. El *Bundesrat* representa, en cambio, a los Estados (*Länder*), por lo que se encuentra conformado por un representante por cada Estado (*Land*). El segundo caso se da en los Estados Unidos: dado el origen de la democracia norteamericana en la representación de los estados en un congreso continental, ambas cámaras asumen una lógica de representación de estados en la Unión. Pese a ello, el peso que se atribuye en cada Estado es distinto: en la Cámara de Representantes se trata de una lógica de representación que pretende atribuirle peso a cada ciudadano (y, por eso, el número de representantes de cada Estado es proporcional al número de ciudadanos); en el Senado cada Estado tiene, en cambio, el mismo peso. Ello pretendería expresar el hecho de que la Unión no es sólo la unión de ciudadanos iguales, sino de Estados iguales. De forma indirecta, la composición bicameral se explica de este modo por una pretensión idéntica a la alemana: una cámara representa la igualdad de cada Estado (el Senado/*Bundesrat*); una cámara representa la igualdad de cada ciudadano (la Cámara de Representantes/*Bundestag*)[41].

....

41 Nótese que en ambos casos el principio proporcional es tomado seriamente en cuenta, a diferencia del modo distorsionado vigente en Chile. Como hemos visto, esto implica que el número de miembros del *Bundestag* no es fijo, y puede variar de acuerdo al resultado de la elección; en el caso de la Cámara de Representantes, el número es fijo (437 representantes), pero esos escaños se redistribuyen entre los estados después de cada censo, con la finalidad de asegurar la mayor proporcionalidad posible. Al observar

También existen sistemas unitarios (no federales) con bicameralismo. Aquí la justificación debe ser distinta a la anterior. Se trata habitualmente de casos en los que se reconoce la existencia de distintos poderes que deben ser representados. Tradicionalmente este era el caso del reconocimiento de distintos estamentos: en los países que reconocían distintas clases de ciudadanía podía así configurarse una cámara burguesa (i.e: comunes) y una cámara aristocrática. El caso más evidente de un sistema bicameral de este tipo es el británico. El avance irresistible del principio democrático, sin embargo, lleva a que en estos casos haya una notoria asimetría en los poderes de ambas cámaras: mientras la cámara de los comunes tiene el impulso político, y de ella sale el gobierno, la cámara de los lores cumple una función política secundaria.

El bicameralismo de la Constitución de 1980 no responde a ninguna de las dos justificaciones anteriores. No descansa en la necesidad de reconocer diversos poderes, pero tampoco en formas o lógicas de representación diferenciadas. La Constitución de 1980 configura de modo más bien arbitrario ciertos distritos y circunscripciones a las que se encuentran asociados escaños parlamentarios[42]. Bajo el sistema binominal, cada distrito o circunscripción elegía dos diputados o senadores, con independencia de su tamaño. Bajo el sistema actualmente vigente, ese número ha sido corregido, sin que haya proporción directa con igualdad de ciudadanos. Ello genera ciertamente problemas teóricos en relación con la representación del poder político, pero no nos interesa ahondar en eso aquí. Lo relevante es más bien reconocer que la lógica de la representación es exactamente la misma (y arbitraria) en ambas cámaras.

El bicameralismo en Chile no tiene justificación ni en diferentes lógicas de representación ni en distintas formas de ciudadanía. Su función buscada debe consistir en «dar mayor tiempo de reflexión» a decisiones políticas relevantes, así como a distribuir funciones de control de otras instituciones entre ambas cámaras. Teniendo

---

la importancia de la proporcionalidad en dos regiones puede apreciarse la frivolidad de nuestra discusión local al respecto.

42 Recuérdese: la Constitución de 1980 no es sólo el texto constitucional al que se le denomina Constitución Política de la República, sino el conjunto de normas generales que establecen arreglos institucionales fundamentales.

en cuenta, sin embargo, la falta de mecanismos de generación de disciplina política y la deformación de la idea de representación, el bicameralismo de la Constitución de 1980 ha significado, en los hechos, un largo tramo de realización de concesiones a intereses particulares y de aumento de indisciplina que hace ineficaz al poder estatal.

En un proceso constituyente, ¿qué puede implicar esto? Al igual que en el punto anterior, el argumento parece llevar a asumir que sólo la conformación unicameral del sistema legislativo puede ser justificada. Pero de nuevo, lo relevante es notar no sólo las consideraciones positivas a las que lleva, sino también la identificación de patologías a ser eliminadas. La actual configuración bicameral no tiene justificación y, sumada a la falta de poder de imposición de disciplina de quien en los hechos lleva los programas políticos −el Presidente de la República− y la deformación de los partidos políticos, ha significado puros costos injustificables. En qué medida una configuración bicameral alternativa puede merecer o no reconocimiento, es algo que depende de la configuración global del sistema. Si se produce una verdadera fragmentación del poder en el territorio y las regiones asumen competencias propias, contar con una cámara secundaria de representación de regiones (y no de ciudadanos) puede ser justificable. Ello obliga a considerar la cuestión de la distribución del poder en el territorio.

Poder regional

La distribución del poder en el territorio es un tema central de toda decisión constitucional. Precisamente porque la geografía y la distancia influyen en nuestras formas de vida es que la pretensión de centralización del poder y su resistencia se juegan en toda decisión constitucional. Esto no sucede sólo en casos obvios, como en la constitución de los Estados Unidos. Dado el origen de la comunidad política en cuestión, su constitución y los arreglos que de ella dependen son en buena medida relativas a la distribución de poder entre federación y Estado y las facultades de control de una y otra. Pero también en casos en que la cuestión es menos obvia, la distribución de poder en el territorio es una cuestión constitucional central. Piénsese en un caso como Chile: la conformación de un Estado unitario central no es algo natural y espontáneo, sino que es el producto de una historia de conflictos y de decisiones constitucionales en diversos momentos de nuestra historia. No es, en ese sentido, que sólo en una eventual nueva constitución se tome en cuenta el problema de la distribución del poder en el territorio, sino más bien que el proceso constituyente es la instancia que se nos presenta para revisar la adecuación de decisiones pasadas.

El régimen territorial chileno es claramente inadecuado

Esto es probablemente algo que nadie discuta: los arreglos del Estado unitario central pasado han devenido problemáticos. Existen, de hecho, pocos ámbitos que den cuenta en mayor medida del problema de la neutralización que la cuestión de la descentralización: todas las fuerzas políticas están de acuerdo en que las regiones requieren mayores competencias y en que el poder está excesivamente concentrado en Santiago (y en su extensión en el Congreso en Valparaíso), pero con pequeñas excepciones, nadie toma decisiones al respecto y nadie es responsable por el hecho de que, pese al acuerdo, no se haga nada.

En ese contexto, sólo podemos dar cuenta de las cuestiones centrales que se juegan en un proceso constituyente. En lo esencial, son tres las cuestiones que pueden ser definidas en él: la distribución de competencias normativas entre la autoridad nacional y autoridades regionales, la conformación y potestades que a partir de esa distribución asuman las autoridades regionales, y la distribución de recursos entre la autoridad nacional y la regional.

El primer punto es, ciertamente, el punto crucial y sólo se visibiliza ante la ruptura de una conformación casi puramente central (con la excepción de los municipios) del poder estatal. En un Estado que no pretenda centralizar casi todas las competencias, la distribución del poder pasa a ser equivalente a la pregunta por qué competencias tiene el Estado central y qué competencias tienen los poderes regionales constituidos. Aquí conviene notar la lógica detrás de la diversidad que es posible observar en el mundo.

Formas de federalismo

En ciertos estados federales, cada región (= estado) asume poderes más o menos equivalentes a los de un Estado-nación y ello sólo se ve limitado por la autoridad federal (central). Este es el caso de los Estados Unidos: cada Estado tiene, por ejemplo, su propia legislación incluso en materias de regulación común (= penal, civil); la legislación federal sólo concurre con esta en algunos ámbitos de interés transestatal y la Corte Suprema federal asume la potestad de controlar la legislación de los Estados en aquello que pueda ser incompatible con la constitución federal. Pese a ello, la federación asume un poder administrativo (y militar) enorme por causa de la ingente cantidad de recursos que son puestos a su disposición. Este es el modo en el que a grandes rasgos se conciliaron los intereses unitarista (=Estado poderoso) y federalista (= regiones autónomas) en el diseño constitucional norteamericano.

Otros Estados federales asumen directamente que las materias administrativas son de competencia estadual (la regulación de los organismos del Estado tales como la policía, las oficinas de extranjería, certificación civil, universidades, etc.), pero que la legislación común es materia federal. Este es el caso de Alemania: la constitución necesita entonces distribuir las competencias legislativas entre federación y estados de modo tal de seguir esta idea distributiva general.

Qué competencias puede asumir cada región en nuestro contexto no es algo que podamos aquí discutir en detalle. Dada la relativa homogeneidad de la población chilena, es probable que la competencia legislativa común deba mantenerse para buena parte del territorio en el Congreso Nacional. Pero no hay nada que impida tener regulaciones diferenciadas: que ciertas regiones en las que se justifique mayores necesidades de autonomía dadas sus características propias –piénsese, por ejemplo, en la Araucanía o en Magallanes– asuman potestades legislativas concurrentes determinadas, sin que ello tenga lugar en el resto del territorio nacional.

Redistribución territorial del poder

El ámbito en que, en cambio, el poder ha de ser necesariamente distribuido es el administrativo. La distribución del poder territorial en Chile se ve afectada a la vez por un exceso de concentración en el Estado central y por exceso de fragmentación en los pequeños ámbitos de autonomía que son reconocidos. El paradigma a este respecto es Santiago: la dispersión de las competencias municipales en una gran cantidad de municipios ha hecho que la regulación inmobiliaria o del transporte público no pueda ser adecuadamente coordinada, produciendo al mismo tiempo una enorme concentración de recursos en las comunas más ricas. Sin que exista, al mismo tiempo, una autoridad propiamente regional que pueda compensar esta fragmentación, la capacidad de acción política en Santiago es limitada.

En otras regiones, en cambio, el problema parece ser de dependencia: demasiadas funciones están concentradas en Santiago, lo que impide la generación de una administración local acorde a las necesidades de cada región. Los recursos son distribuidos desde la administración central. Todo Estado unitario o central necesita que parte de la recaudación de cada región sea entregada al Estado central/a la federación, pero la determinación de esa distribución no es evidente. Ella es, por lo tanto, una decisión política, pero sus rasgos centrales deben ser objeto de decisión constitucional.

La configuración plurinacional del Estado chileno

Las consideraciones anteriores sobre la necesidad de redistribuir el poder político entre el centro y las regiones proveen de un buen contexto en el cual considerar la cuestión del reconocimiento del carácter plurinacional del Estado chileno. En la cultura política neutralizada que hemos observado en este libro, el problema del reconocimiento de los pueblos originarios ha probado ser intratable. Es importante identificar qué es lo que no ha podido ser procesado institucionalmente. Se trata de la dimensión específicamente política del problema, la dimensión en que la exigencia mapuche es una de reconocimiento político: el reconocimiento del pueblo mapuche como una entidad políticamente existente. Este reconocimiento tiene una dimensión puramente declarativa (lo que se ha llamado el reconocimiento constitucional de los pueblos originarios, que mira la introducción en la constitución de una cláusula que reconozca la composición plurinacional del Estado chileno), pero tiene también una dimensión que es parte del problema de la redistribución territorial del poder.

Es decir, el reconocimiento de la existencia política de los pueblos originarios, especialmente el mapuche, debe tener consecuencias en el modo en que se distribuye el poder y la iniciativa política entre el Estado central y el pueblo mapuche.

La política neutralizada ha sido completamente incapaz de reconocer la reivindicación del pueblo mapuche como una reivindicación propiamente política, es decir: como una reivindicación de reconocimiento de existencia política. En vez de eso, la ha procesado como una demanda despolitizada, a ser respondida (en su versión progresista) mediante políticas sociales o (en su versión conservadora) mediante políticas de seguridad ciudadana y represión policial. El resultado de esta incapacidad de reconocer una demanda política por lo que auténticamente es, ha conducido a la agudización del conflicto. Si esta persistente negación y consiguiente agudización del conflicto continúa, no es exagerado pensar que en un futuro no muy lejano la situación alcance un punto en que el diálogo sea imposible.

Una nueva constitución será el momento para discutir sobre el reconocimiento de los pueblos originarios y la distribución del poder que corresponde a dicho reconocimiento. Dada la trayectoria del problema bajo los años de la neutralización política, es difícil pensar que en los términos de la cultura política neutralizada será posible reconocer genuinamente el contenido político del problema que plantean las demandas de reconocimiento de los pueblos originarios.

La justicia constitucional

En la Segunda Parte dimos cuenta de los problemas que aquejan a la justicia constitucional en Chile: ella ha pasado a constituirse en una tercera cámara respecto a la cual ni siquiera se esconde el origen político de los nombramientos, que decide los casos casi ineludiblemente de acuerdo a los bloques políticos partidistas, y que dada su competencia para intervenir en cualquier gestión judicial pendiente (si su intervención es solicitada por alguna de las partes), hoy resulta la amenaza más notoria para la independencia judicial.

Las críticas que desarrollamos más arriba se fundan, parcialmente, en la forma peculiar de la justicia constitucional chilena. Por las razones ya dadas, más allá de la retórica de sus defensores, que lo presentan como si fuera una institución diseñada conforme al modelo «europeo» de justicia constitucional, la manera peculiar en que el Tribunal Constitucional chileno está configurado agudiza su disfuncionalidad. En efecto, por las razones que ya hemos visto, su existencia y operación amenaza tanto la autonomía de la política como la autonomía de la jurisdicción. En una constitución no neutralizada, ¿habría espacio para un tribunal constitucional?

Aquí hay dos aspectos que es importante tener en cuenta. Por una parte, ya sabemos que una constitución no es el texto constitucional. Por eso, cualquiera sea el resultado del proceso constituyente, la justicia constitucional que exista en la nueva constitución se verá influida por las prácticas anteriores de la justicia constitucional chilena. Pero cualquiera que esté consciente de la necesidad de tener una institucionalidad no ya democrática, sino mínimamente sana y eficaz, verá la necesidad de evitar esta continuidad, para lo que será necesario enfatizar que las instituciones nuevas de justicia constitucional, si las hay, no son las continuadoras de las antiguas. En efecto, si la nueva constitución contiene alguna forma de justicia constitucional esta nueva justicia constitucional deberá tomar al Tribunal Constitucional de la Constitución de 1980 como un modelo en negativo, es decir, como un Tribunal Constitucional que realiza todo lo que los críticos de la justicia constitucional han enfatizado una y otra vez. En la medida en que la nueva constitución contenga un Tribunal Constitucional, entonces, ella debe ser especialmente consciente de la necesidad de enfatizar la discontinuidad entre esa justicia constitucional y el llamado «Tribunal Constitucional» de la Constitución de 1980.

Pero por otro lado no hay razón alguna para dar por sentado que la nueva constitución incluirá un tribunal constitucional. En general, y cada vez con más claridad en un proceso que se ha agudizado en la última década, la justicia constitucional es criticada como en sí problemática, desde el punto de vista de la lógica democrática: los tribunales constitucionales asumen la potestad de controlar la validez de resultados de la acción política legitimada por los arreglos procedimentales democráticos. Como su posición se enfrenta a una política democráticamente legitimada, se trata siempre de un tipo de configuración institucional que debe ser especialmente pensada para que pueda ser democráticamente justificable.

Podemos, por ello, empezar con algunas consideraciones básicas relativas a la justicia constitucional. ¿Por qué es difícil e improbable que los tribunales constitucionales (o las cortes supremas que cumplen equivalente función) sean foros en que se discuta y decida a la luz de principios jurídicos? La razón por la cual los tribunales constitucionales no pueden decidir como cualquier tribunal que es ajeno al conflicto y decide imparcialmente, se debe a que aquí se trata de decidir conflictos políticos, no jurídicos, aplicando normas constitucionales, no leyes. Las normas constitucionales que han de aplicarse a la hora de decidir son principalmente las normas contenidas en el catálogo de derechos. El problema es que determinar cuál es el significado de determinado derecho, cuando hay, en la discusión política, distintas interpretaciones en disputa acerca de su sentido, supone siempre asumir una perspectiva política.

Nótese que la cuestión no es que no haya una única interpretación correcta del significado de un determinado derecho, sino si hay alguien que puede decidir con autoridad e imparcialidad cuál de todas las concepciones en disputa lo es. Veamos cómo se aplica lo anterior con un ejemplo. Piénsese en lo ocurrido con el derecho a la educación y la ley de inclusión. ¿Cuál es el sentido del derecho a la educación y de la libertad de enseñanza a la hora de configurar el sistema escolar? Para el gobierno de Michelle Bachelet el derecho a la educación exigía «un cambio profundo de paradigma en el sistema educativo, que dejara atrás la idea de la educación como un bien de consumo que se transa en el mercado. Un cambio que se funda en la convicción de que la educación es un derecho social»[43]. Esto significaba modificar radicalmente las reglas existentes en materia escolar: era necesario poner fin al lucro en establecimientos que reciben recursos públicos, poner término a la selección escolar y derogar el sistema de financiamiento compartido. La libertad de enseñanza, desde esta óptica, no podía ser entendida ni como una libertad económica, de emprendimiento, destinada al enriquecimiento, ni como una libertad que permitiera excluir a determinados estudiantes y a sus familias. Debía ser libertad en la conformación de un proyecto educativo que se quiere entregar. Para la derecha, en cambio, el derecho a la educación

---

43 Mensaje proyecto de ley de inclusión: véase la historia de la ley 20.845 (disponible en <www.bcn.cl>), p. 4.

es el derecho a pagar en el mercado la educación que cada familia pudiera pagar y para las que no pudieran hacerlo, el derecho a ciertas prestaciones mínimas. Incluso incluye, como hemos observado más arriba, el derecho a retirar utilidades.

No estamos presentando estas dos posiciones para decir que aquí hay un conflicto entre dos posiciones «igualmente válidas» en el sentido de que cada una es igualmente justificada. Por razones que hemos explicado latamente en otra parte, a nuestro juicio es claro que la mejor interpretación de la libertad de enseñanza y el derecho a la educación es la que funda la ley de inclusión, y que las alegaciones de la derecha son claramente erradas en términos de interpretación constitucional[44]. Lo que sí estamos diciendo es que nuestro desacuerdo con quienes sostienen la posición que nosotros creemos errada no es un desacuerdo «técnico-jurídico», sino un desacuerdo político. Es decir, que nuestra posición en esta disputa no es una posición que deba ser privilegiada porque somos «expertos». Como la diferencia es una diferencia política, no jurídica, sea quien sea que decida sobre la constitucionalidad de la ley de inclusión tomará una decisión política, lo que quiere decir: tomará partido con unos y contra otros en una disputa política. No importa si el órgano llamado a decidir se denomina «tribunal» o «corte» o de otra manera: en los hechos, estará tomando una decisión en una controversia política, y para eso tipo de controversias la manera institucionalmente adecuada de decidir, por todas las razones que ya hemos visto, es discusión pública y luego decisión democrática.

Si nosotros creyéramos que nuestra posición es correcta en términos imparciales, «técnico-jurídicos», y que entonces de la garantía constitucional del derecho a la educación y la libertad de enseñanza se sigue la prohibición del lucro, la selección y el copago, tendríamos que decir que no hay nada que discutir políticamente, que lo que había que hacer era ir al Tribunal Constitucional para que éste declarara inconstitucionales el lucro, la selección y el copago. Pero evidentemente el lugar para discutir cómo ha de ser nuestro sistema educacional no puede ser un tribunal, ha de ser el congreso.

---

44   Véase Atria, F., *Derechos sociales y educación* (Santiago: Lom, 2014), pp. 254-256.

El hecho de que el Tribunal Constitucional haya ido evolucionando de modo de asumir cada vez más abiertamente una lógica de operación propia de una cámara política, y no la de un tribunal, ratifica lo anterior: si las cuestiones fundamentales han de ser decididas en una cámara, por mucho que la constitución llame «tribunal» al órgano que tiene competencia para decidirlas, la práctica hará que dicho órgano evolucione en la dirección de ser cada vez más parecido a una cámara política.

Por cierto, el argumento también se sostiene incluso en los casos en que los tribunales con competencia constitucional deciden de modo que nosotros creemos que es sustantivamente correcto. Un buen ejemplo es el caso judicial norteamericano Roe contra Wade, en que la Corte Suprema de ese país decidió que las mujeres tenían un derecho a la privacidad que hacía inconstitucional la prohibición del aborto. Esta fue una decisión objetable no porque decidiera que la dignidad de la mujer es incompatible con una prohibición categórica del aborto (en eso la decisión acierta), sino porque la Corte Suprema se arrogó potestades de decisión constitucional y al hacerlo agudizó un conflicto político. Al arrogarse esa potestad, la Corte se transformó en parte del juego político, y desde entonces una finalidad declarada de la derecha norteamericana ha sido «hacerse» con la Corte Suprema para revertir los efectos del caso Roe contra Wade y una finalidad declarada de la izquierda norteamericana ha sido nombrar jueces para defenderlos.

Lo que estamos diciendo es que, más allá de las objeciones puntuales al Tribunal Constitucional chileno por las notorias peculiaridades en su organización institucional y competencias, hay un argumento general sobre la imposibilidad de la justicia constitucional que debe ser considerado. Los tribunales con competencia constitucional deciden acerca de aspectos conflictivos y en las cuales organismos políticos ya han tomado decisiones políticas. Intervenir en esos asuntos no sólo puede significar una arrogación de potestades democráticas, sino también la reproducción del conflicto. En Estados Unidos, las guerras culturales ligadas a problemas como el aborto se generalizaron después del caso mencionado, y ese conflicto, como ya hemos observado, arrastró a la Corte Suprema a la arena política, de modo que la primera pregunta que se formulan quienes participan en la designación de nuevos miembros no es cuáles son sus calificaciones como «jurista», sino si es «liberal» o «conservador». Una decisión que con el tiempo podría haber sido políticamente compartida terminó siendo profundamente divisiva, en parte al menos, porque ella fue impuesta a la política democrática desde afuera, por un tribunal con competencia constitucional (que en el caso de la Corte Suprema norteamericana es además un órgano federal de control del poder de los estados). Que la cuestión del aborto podría haber resultado ser menos divisiva de lo que ha sido desde 1973 puede parecer una idea sin fundamento, pero basta ver la diferencia entre Estados Unidos y Europa en este punto preciso para notar que el tema del aborto no tiene por qué ser tan divisivo como nos hemos acostumbrado a entenderlo.

Lo anterior no quiere decir que ninguna forma de justicia constitucional sea compatible con la democracia; la pregunta depende del contexto. En el proceso constituyente chileno, la prescindencia de cualquier forma de justicia constitucional es ciertamente una posibilidad. Pero también es posible revisar el modo de funcionamiento de arreglos constitucionales suficientemente distintos del chileno, construidos para evitar problemas de politización extrema y que hayan demostrado ser exitosos. La justicia constitucional puede ser, en ese sentido, un remedio frente a la tendencia de la acción política a afectar ciertos presupuestos de la democracia o, a partir de sus propios procedimientos y lógicas, afectar innecesariamente derechos constitucionales. Ella puede servir al mismo tiempo para la promoción de ciertos derechos individuales y colectivos sin arrogarse potestades de decisión que minen la práctica política democrática.

En condiciones como las nuestras, una característica benéfica de un sistema de justicia constitucional que pueda cumplir esa función sería que el órgano respectivo no tuviera competencia para vincular al Congreso acerca de su interpretación de la Constitución. Si la decisión de ese órgano vincula al Congreso, será inevitable que progresivamente vayan ocurriendo dos cosas: primero que dicho órgano vaya ampliando su competencia, arrogándose la decisión de cuestiones cada vez más políticamente importantes (eso es lo que ha pasado en Chile y en el derecho comparado, con escasas excepciones); y como consecuencia de eso, ese órgano evolucionará a funcionar cada vez más como una tercera cámara. Si la justicia constitucional no es vinculante para el Congreso, el tribunal constitucional deberá asumir con especial cuidado el deber de no decidir de modo partisano, porque si su decisión es partisana podrá ser fácilmente desechada por el Congreso. Precisamente en la medida en que la decisión no vincule al Congreso, es razonable pensar que el Tribual se preocupará de intervenir sólo en los casos en los que puede mostrar una decisión sólidamente fundada en una comprensión suficientemente imparcial de la constitución, que apele entonces no sólo a los partidarios de una posición contra la otra. Así, ese órgano puede desempeñar una función que no sustituye, sino complementa a la discusión pública democrática.

En algunos sistemas, los tribunales con competencia constitucional buscan mantener el diálogo democrático, advirtiendo al poder político sobre posibles desviaciones, reenviando el asunto al parlamento y haciendo que este se haga cargo especialmente de justificar su decisión a la luz de lo señalado por ellos. La decisión de los tribunales es una decisión que, de ser contraria a la ley o proyecto de ley, obliga al parlamento a discutir nuevamente sobre ellas, con nuevos argumentos sobre la mesa. Pero no lo vincula: quien tiene la última palabra en la materia es el parlamento, no los tribunales, ya que es el parlamento quien cuenta con la legitimidad democrática y con la institucionalidad adecuada para determinar qué exigen las normas constitucionales. Una institucionalidad de este tipo haría al mismo tiempo probable nombrar candidatos que cumplan irrestrictamente con un perfil independiente de cualquier influencia política y orientado a la pura realización de los modos de razonamiento constitucionales.

Una configuración de la justicia constitucional como la anterior es, por ejemplo, la que ha adoptado la Carta de Derechos y Libertades de Canadá de 1982. Dicha Carta en su artículo 33 («*notwithstanding clause*», la cláusula «a pesar de») permite al parlamento aprobar una ley, pudiendo entonces esta entrar en vigencia, a pesar de que la corte constitucional haya declarado que pudieren existir problemas de constitucionalidad respecto a ella (la aprobación tiene efecto por un período máximo de cinco años y puede ser renovada). También Nueva Zelandia y el Reino Unido entregan potestades de interpretación conforme a los derechos constitucionales a los tribunales con competencia constitucional, sin permitir a esos tribunales declarar inválida una ley (art. 4 de la *Bill of Rights Act*, de 1990 y art. 4.6. de la *Human Rights Act*, de 1998). En el caso del Reino Unido, por ejemplo, la declaración de que una ley es «incompatible» con la Declaración Europea de Derechos Humanos implica que se abre respecto de su posible modificación un procedimiento legislativo simplificado. Por eso, tanto en Nueva Zelandia como en el Reino Unido, los tribunales con competencia constitucional dejan la última palabra en la interpretación de los derechos fundamentales al poder legislativo. Finalmente, incluso podría mirarse la práctica del Tribunal Constitucional alemán de declarar algunas leyes como «no compatibles» con la constitución en lugar de estrictamente «inconstitucionales», permitiendo así que la ley permanezca vigente durante algún período de tiempo en el entendimiento de que será adecuadamente revisado, en aspectos determinados, por la legislatura.

Al exigir pronunciamiento legislativo, teniendo la última palabra el parlamento, el sistema puede incluso hacer que los tribunales constitucionales intervengan más enérgicamente en materias problemáticas. Piénsese, por ejemplo, en reglas penales más o menos arcaicas: el sistema jurídico ciertamente mantiene su validez, pero eso no quiere decir que haya un pronunciamiento político reciente a su respecto. Si un tribunal constitucional debe, sin embargo, tomar la decisión de decidir si determinadas reglas son o no válidas, es probable que se abstenga si tiene una mínima deferencia con la política legislativa. Ello sucedió en Alemania con la prohibición penal del incesto entre hermanos adultos. Si, en cambio, el Tribunal Constitucional puede requerir pronunciamiento en materias que asuma que afectan innecesariamente derechos fundamentales, dejando la cuestión a decisión legislativa, este integra la democracia y la protección de derechos fundamentales en vez de ponerlos en conflicto.

Lo que lo anterior muestra es que la discusión sobre la jurisdicción constitucional no necesita ser asumida en términos de «todo o nada». Hay diversas posibilidades, y para apreciarlas debemos ser conscientes de cuáles son los riesgos y problemas de esas formas institucionales.

Derechos constitucionales

Los derechos como límites al poder o como habilitaciones

Como hemos visto en la Primera Parte, si una constitución democrática constituye al poder, es decir, crea un poder nuevo que no existe sin ella, los derechos no son sólo límites a ese poder, sino que también fijan los fines de ese poder constituido. En una constitución entendida democráticamente los derechos no pueden entenderse exclusivamente como límites que el poder no puede sobrepasar: los derechos, incluso los derechos civiles, han de entenderse también habilitando al poder para que actúe de acuerdo a determinados fines que se ven definidos por el respeto y la promoción del contenido de esos derechos.

Piénsese, por ejemplo, en el derecho a la igualdad. El derecho a la igualdad no es sólo un derecho que limita el actuar del poder público al prohibirle establecer tratos diferenciados carentes de fundamento, sino que también un derecho que primero lo habilita para actuar «afirmativamente», es decir, para hacer diferencias «positivas» que permitan que las personas pertenecientes a grupos sistemáticamente subyugados puedan salir de su posición de subordinación (por ejemplo, estableciendo cuotas de admisión en las instituciones de educación superior para estudiantes pertenecientes a escuelas públicas, u obligando a los partidos a presentar al menos cierto porcentaje de candidatas mujeres, como lo hace la ley que reforma el sistema binominal), y luego incluso le impone el deber político de hacerlo. Algo similar puede decirse de la libertad de enseñanza. Ciertamente, la libertad de enseñanza es un límite al Estado cuando se trata de garantizar la libertad para crear proyectos educativos independientes del Estado, no sujetos a su control directo. Sin embargo, el sentido de la libertad de enseñanza como derecho fundamental se deforma si se lo entiende como un puro derecho de defensa. La libertad de enseñanza también habilita al Estado para que éste la articule de tal forma que la haga una libertad de enseñanza y no una libertad para emprender negocios. Así, la libertad de enseñanza fija también fines al actuar del Estado: este, por ejemplo, ha de hacer que los proyectos educativos creados estén abiertos a todos y no se transformen en proyectos de exclusión. Esta misma doble cara se observa también en la libertad sindical: ella no es sólo un límite al Estado para que este no obligue a las personas a afiliarse a sindicatos, sino que también una habilitación para que este, con el objeto de fortalecer el poder de los trabajadores frente al empleador, establezca reglas que, por ejemplo, incentiven la sindicalización[45]. O piénsese en el derecho de propiedad. El derecho de propiedad no es sólo una barrera cortafuegos frente a un poder que podría privar a las personas de sus bienes, sino que también es un derecho que habilita al Estado para configurar la propiedad entendiendo que esta también tiene una función social que cumplir.

Esta dimensión habilitante de los derechos, que es posible observar incluso en los derechos civiles (los que paradigmáticamente se han entendido como límites al poder), aparece de manera más evidente con el advenimiento de los derechos sociales. Los derechos sociales no pueden entenderse como límites, sino que como fines que amplían el poder democrático y lo guían en la identificación de la voluntad del pueblo. Así, el derecho a la educación no es un límite al poder público sino que una habilitación que es también un mandato que le obliga a actuar, estableciendo las condiciones necesarias para que todos puedan acceder y recibir una educación que abra a todos iguales oportunidades de desarrollo de la personalidad. Lo mismo sucede con la protección de la salud o a la seguridad social.

En este sentido, los derechos sociales muestran algo que es verdadero respecto a todos los derechos: que habilitan al Estado para que actúe, es decir, para que determine y configure un marco jurídico que cree nuevas realidades que mejoren las condiciones de vida de los ciudadanos, en especial, de los menos poderosos. Entender los derechos sólo como «límites» al poder político es otra manifestación de la deformación del lenguaje de la tradición democrática.

Los derechos sociales en una nueva constitución

En el contexto del debate que ha generado el reclamo de una nueva constitución se ha dicho que los derechos sociales debieran estar ausentes de ella. Algunas voces aisladas han sostenido una tesis a

---

45 Precisamente esta última dimensión habilitadora de la libertad sindical fue ignorada por el Tribunal Constitucional en la decisión (rol 3016-2016) que derribó parte de la reforma laboral.

favor de lo que llaman «minimalismo constitucional», conforme a la que la nueva constitución sólo debiera consagrar derechos civiles y políticos. «Hay que entrarle –dicen– a la Constitución con una goma más que con un lápiz» para que esta sea «un conjunto mínimo de reglas y derechos muy básicos y escuetamente definidos»[46]. Explicando esta idea, otros han sostenido que «en materia de derechos sociales, debemos ir con goma al texto constitucional, limitándolos a los derechos civiles y políticos básicos, y dejando al legislador la concreción de cuanta legislación social está dispuesta a dotarse nuestra comunidad política»[47].

Estas afirmaciones son erradas en la medida en que se fundan en una comprensión de los derechos según la cual estos deben ser entendidos exclusivamente como límites al poder. Ciertamente, si los derechos son límites, llenar la constitución de derechos significa limitar el poder democrático. Sin embargo, si como hemos visto, los derechos no son únicamente límites al poder sino que también habilitaciones y mandatos políticos al poder público, la presencia de derechos sociales en una nueva constitución es importante en la medida en que fijaría fines al actuar del Estado, cuyo sentido y modos de realización son dejados al poder político. Así, la consagración de derechos sociales en una nueva constitución no supone que la jurisdicción constitucional adquirirá un rol preponderante frente al legislador democrático, como piensan Correa y García , sino que, por el contrario, dotaría al legislador de un lenguaje con el cual articular, en general, los fines a los que se conduce su labor. Por otra parte, en un contexto como el chileno, en que se encuentra gran oposición frente a políticas sociales mínimamente redistributivas, una constitución sin derechos sociales haría imposible avanzar en la dirección de ampliar los derechos sociales, porque cada paso sería objetado desde el derecho de propiedad (porque quienes quieren «entrarle a la constitución con una goma» nunca tienen en vista el derecho de propiedad como eso que debería ser borrado).

---

46 Jorge Correa, "¿Ha llegado la hora de una nueva constitución?", en *Anuario de Derecho Público* 2013 (Santiago, Universidad Diego Portales, 2013): 34

47 José Francisco García, «Minimalismo Constitucional». *La Tercera*, 21 de octubre de 2013, <http://voces.latercera.com/2013/10/21/jose-francisco-garcia/minimalismo-constitucional/>

Así también, el reconocimiento de derechos sociales como el derecho a la educación a nivel constitucional, pese a su no justiciabilidad, ha sido de gran importancia para la reivindicación de demandas sociales. En Chile, como en ningún otro lugar, los derechos sociales mostraron su potencial transformador cuando los estudiantes, en nombre del derecho a la educación, desafiaron el orden neoliberal que lo reconocía como un bien sujeto a las reglas del mercado. De esta forma, los derechos sociales en una nueva constitución, sean o no justiciables, no sólo imponen al Estado deberes correlativos que lo habilitan para actuar, sino que también abren el espacio para que la ciudadanía pueda reclamar su contenido.

El error del énfasis en la justiciabilidad de los derechos

Lo que está en la base de la propuesta del «minimalismo constitucional» tiene que ver con que, para quienes la defienden, los derechos que no son justiciables ante tribunales no son verdaderos derechos. Y, como el paradigma de derechos justiciables serían los derechos civiles, sólo estos derechos serían auténticos derechos.

Gran parte del discurso constitucional se ha dividido en versiones «conservadoras» (que niegan el carácter justiciable de los derechos sociales, y por consiguiente niegan que ellos sean genuinos derechos), y versiones «progresistas» (que afirman que, como son derechos genuinos, son justiciables). El objetivo perseguido por los segundos, ciertamente, es noble: la idea es mostrar que los derechos sociales tienen la misma importancia que los derechos civiles y políticos.

El problema, sin embargo, es asumir el punto de partida, es decir, asumir que es la justiciabilidad lo que caracteriza e identifica a los derechos genuinos, por lo que sólo los derechos justiciables son verdaderos derechos. Este punto de partida es problemático en la medida en que se queda con lo que caracteriza a los derechos civiles, pero antes del advenimiento de los derechos sociales: como vimos, con el arribo de los derechos sociales, los derechos civiles ya no pueden ser entendidos como límites al poder público que los tribunales tienen el deber de tutelar.

Por eso, el énfasis en la justiciabilidad es especialmente problemático a la hora de entender el sentido de los derechos sociales. Nótese que la cuestión aquí no es sobre la legitimidad de las cortes que adjudican estos asuntos, sino si la mejor forma de expresar lo que identifica a los derechos sociales es su justiciabilidad. La respuesta es ciertamente negativa, en la medida en que su adjudicación hace que los entendamos como reclamos individuales, como el reclamo de un individuo particular en contra de la comunidad, para que esta le provea de determinada prestación social. Dicho en breve: el derecho a la educación es una manera de expresar que la educación no puede ser una mercancía, y eso no es un reclamo de un individuo particular en contra de un establecimiento, sino una exigencia acerca del modo en que el sistema escolar debe ser organizado. Por cierto que el derecho a la educación funda también reclamos individualizados (piénsese en el caso de las estudiantes embarazadas que eran por eso expulsadas de sus establecimientos educacionales), y por eso es importante que haya alguna dimensión de ellos que sea justiciable, pero esa dimensión no es la principal: el tema central del derecho a la educación como derecho social es la educación como sistema institucional, no la posición de un individuo particular en él.

Por eso los derechos sociales muestran de manera especialmente conspicua algo que los derechos políticos ya habían mostrado: que una comunidad política no es un conjunto de individuos que buscan la protección de un poder superior, sino de ciudadanos que en conjunto pretenden construir su destino. Los derechos sociales vienen a mostrar la substancia de la ciudadanía, es decir, la idea sobre la cual la ciudadanía descansa: que ciertos aspectos esenciales para el bienestar de cada uno son responsabilidad de todos porque una comunidad política descansa en la idea de realización recíproca.

Esto quiere decir que los derechos sociales no expresan su verdadero carácter si son entendidos o bien como reclamos individuales o bien como prestaciones mínimas para los más pobres. Ahora bien, cuáles son esos aspectos que son esenciales para el bienestar y desarrollo es una cuestión que no está predefinida de antemano, precisamente porque la ciudadanía es una idea que se desarrolla a lo largo de la historia.

Glosario

- Constitución: Decisión fundamental sobre la organización, distribución, competencias y modo de ejercicio del poder político en una comunidad determinada. Véase p. 30.

- Constitución como texto (o «texto constitucional»): Conjunto de disposiciones organizado en un texto normativo que recibe formalmente el nombre de «constitución política». La modificación del texto constitucional está sujeta normalmente a condiciones especialmente difíciles de obtener. Véase p. 31.

- Constitución como decisión fundamental: Véase «Constitución» y p. 31.

- *Ethos* político neutralizado: Conjunto de actitudes y prácticas de la cultura política chilena desarrolladas bajo la Constitución de 1980, conforme a las cuales el ejercicio del poder político, incluso allí donde las reglas constitucionales no lo requieren, se somete a la decisión neutralizadora contenida en ellas. Véase p. 77.

- Leyes constitucionales: Conjunto de disposiciones que forman parte de la *constitución como texto* pese a que no contienen decisiones fundamentales sobre el poder. Al estar incluidas en el *texto constitucional*, normalmente son tan difíciles de modificar como las disposiciones donde se encuentra radicada la *constitución*. Véase p. 32.

- Leyes orgánicas constitucionales: Categoría de leyes establecida por la Constitución de 1980 y que rigen determinadas materias especificadas por ella. Aunque no tienen carácter constitucional formal (no forman parte del *texto constitucional*), son sometidas a quórums especialmente altos de aprobación y reforma (4/7 de senadores y diputados en ejercicio) y se encuentran sujetas a control preventivo del Tribunal Constitucional. Véase p. 45.

- NEUTRALIZACIÓN BUSCADA: Decisión fundamental de los creadores de la Constitución de 1980 de imposibilitar el cambio en materias definidas por ellos como cruciales y sujetas al riesgo de una posterior modificación por vía democrática. Ella se refiere en general a la decisión de impedir la injerencia de la política democrática en ciertos ámbitos del modelo político y económico de la dictadura. Véase p. 17.

- NEUTRALIZACIÓN LOGRADA: Resultado no siempre querido de incapacitación de los poderes políticos, que es consecuencia (probablemente no querida) de la neutralización buscada. La neutralización buscada no es igual a la neutralización lograda, y la última ha tenido consecuencias mucho más extensas en relación a la neutralización de la política. Ello porque aunque la finalidad era solo neutralizar la capacidad de la política para cambiar el modelo de la dictadura (Neutralización buscada) los dispositivitos creados para ello terminaron eliminando o considerablemente disminuyendo buena parte de la capacidad de acción del Estado en todo ámbito. Véase p. 17.

- NEUTRALIZACIÓN COMO CULTURA: Véase «*ethos* político neutralizado» y p. 70.

- NEUTRALIZACIÓN COMO DECISIÓN: Véase «neutralización buscada» y p. 70.

- PODER FÁCTICO: Poder que se detenta por circunstancias puramente fácticas. El poder fáctico no busca ni supone legitimación democrática, y se usa para proteger los intereses que define quien lo tiene mientras lo tenga. Véase p. 24.

- PROBLEMAS (CONSTITUCIONALES) DE DISEÑO: problemas que se explican en defectos del diseño institucional chileno. En general, ellos son tratados como problemas no queridos por quienes crearon la Constitución de 1980. En general se refieren a la crisis de representación y capacidad de acción del Estado. Véase p. 38.

- PROBLEMAS (CONSTITUCIONALES) DE HEGEMONÍA: Conjunto de decisiones constitucionales causantes de la crisis política chilena que fueron conscientemente buscadas como parte del proyecto político y económico de la dictadura y su proyección. Que ellos sean hoy discutidos muestra la dimensión en que la hegemonía política e ideológica de ese proyecto ha perdido vigencia. En general referidas a la neutralización de la política. Véase p. 38.

- REGLA DE MAYORÍA COMO CRITERIO DE CORRECCIÓN: Comprensión del sentido de la regla de la mayoría en la democracia, según la cual el hecho de que una decisión sea tomada por una mayoría la constituye en decisión correcta y legítima en sí. En el libro se argumenta que esta es una comprensión errada de la regla de mayoría. Véase p. 171.

- REGLA DE MAYORÍA COMO REGLA DE DECISIÓN: Comprensión del sentido de la regla de la mayoría en democracia, según la cual ella desempeña una función posterior a la deliberación pública. Cuando la deliberación no ha disuelto el desacuerdo, es necesario tomar una decisión pese a la subsistencia del mismo. La regla de mayoría es la única regla justa a la hora de decidir, ya que ante el desacuerdo considera a todos los participantes como iguales. Véase p. 171.

- REPRESENTACIÓN POLÍTICA: Orientación crucial de los sistemas democráticos modernos, conforme a la cual la organización política debe tender a la identificación de una voluntad política dominante, siendo esa identificación la base del ejercicio legítimo del poder político como poder de la comunidad. Véase p. 137.

- REPRESENTACIÓN DEFORMADA O POR INTERMEDIACIÓN: Comprensión dominante de la idea de *representación política* en la cultura política chilena desarrollada bajo la Constitución de 1980. Conforme a esta comprensión, las autoridades electas reciben un mandato de defensa y promoción de los intereses particulares de sus votantes. Véase p. 100.

- SISTEMA BINOMINAL: Sistema electoral existente en Chile hasta la reforma de enero de 2015, bajo el cual toda elección de diputados o senadores se organizaba por distritos o circunscripciones que elegían en la misma elección dos representantes cada uno. El candidato electo era el más votado de cada una de las dos listas más votadas, a menos que la lista más votada doblara a la segunda. El resultado buscado y generalmente alcanzado por el sistema era la elección de un representante de cada gran bloque político en cada distrito, resultando en un empate o en mayorías mínimas en la distribución de escaños. Véase p. 43.

- SISTEMAS ELECTORALES PROPORCIONALES Y MAYORITARIOS: Los dos grandes sistemas típicamente presentes en las democracias contemporáneas. Con múltiples variaciones y mixturas, un sistema proporcional distribuye escaños parlamentarios en proporción, más o menos precisa, a la votación global de cada fuerza política, mientras que en un sistema mayoritario solo el ganador de cada contienda electoral en cada distrito electoral resulta electo. Véase p. 43.

- TRIBUNAL CONSTITUCIONAL: Órgano cuya función central consiste en el control de la sujeción de la legislación y de su aplicación a la constitución política. Bajo la Constitución de 1980, el Tribunal Constitucional controla que la decisión fundamental de neutralización no sea vulnerada. Véase p. 50.

9 789560 009180